JN176313

住宅販売全国1位の秘密は「皆生感動システム」

儲けることばかり考えるな！

お客様が涙で感動する仕組み

売上150％アップは当たり前

Shinichi Goshima
五嶋伸一

コスモ21

カバーデザイン◆中村　聡
書籍コーディネート◆小山睦男（インプループ）

はじめに

「自社のノウハウを公開して、何かいいことがあるんですか？」

私が本を出版すると告げたとき、スタッフたちは私にこう問いかけました。

言いたいことはよくわかります。せっかく構築した独自のビジネススタイルであり、実践のなかで獲得した成功ノウハウです。それを公開したら、他社から追随を受け、自社が劣勢になっては困るからです。

じつは、数年前から研修会や見学会を実施し、私たちのビジネスのすべてをシェアし始めています。

そのために、スタッフも私自身も目まぐるしいほどの忙しさを経験しましたが、私たちが属する住宅業界はもちろん、他の業種も含めてすでに１００社以上の企業が参加してくださっています。２０１４年度だけでも全国から50社以上が参加し、今後はさらに増えていきそうです。

そこでとくにお伝えしていることは、しっかりとした家をつくり販売することは当然で、これからは〝サービス業界を超えるサービス〟を提供していくことが求められているということです。

そのサービスのいちばんのテーマは、儲けることを考える前に、どれくらいお客様に「感動」を与えられるかにあります。**「いいね！」と言ってもらえるレベルに満足するのではなく、お客様に心から感動してもらえるレベルのサービスを追求**していくのです。

私たちの会社はまだまだ歴史が浅いですが、だからこそ変わることを怖れず、新たな可能性に挑戦してきました。どんなに売り上げのための闘いが厳しくても、「感動」を提供することをビジネスの現場で徹底してきました。

そのなかで生まれたのが本書で紹介する「**皆生《かいせい》感動システム**」です。東京オリンピックの招致を契機に、日本特有の〝おもてなし〟が注目されていますが、「皆生感動システム」はこの〝おもてなし〟を営業目的の最上位に置いて実践するビジネスシステムであるともいえます。

私は平成19年、29歳のときに宇都宮市でリフォーム会社を起業し、平成24年からは社員6名で新築事業もスタートさせました。

一人の営業マンは住宅業界の経験がまったくないながら、初年度に29棟、2年目にはなんと61棟を受注しました。私たちの会社が加入している住宅フランチャイズには全国で約140社が登録していますが、そこでダントツの1位でした。

一人で年間61棟の受注は、月平均にすると5棟というハイペースです。住宅業界では一人の営業マンの年間平均が5棟くらいなので、それを毎月達成している感じです。

この結果を見た人たちからは、よくこう言われました。

「普通の人には、とてもマネできる数字じゃない。俗に〝天才〟といわれる営業マンが出した成績でしょう？」

答えは「NO」です。この営業マンは、元々は経理スタッフです。それでも2年目で年間61棟という驚異的な実績を達成できたのです。会社も3年間で17億まで売り上げが伸び、ほぼ150%アップです。これには確かな理由があります。それは**「皆生感動システム」を実践していること**です。

このビジネスシステムの基本理念は、簡潔に言えば、たとえ利益を追求する企業活動であっても「**お客様の幸せを第一に考え、感動を提供する**」ことにあります。それをビジネスの現場で実践すると、**サービスの質は格段に向上し、お客様の満足度（CS）とスタッフの満足度（ES）は相乗的に向上**していきます。

私たちの場合は住宅を販売していますが、それによって建築物の質が向上し、売り上げも大きくアップしています。このことは、先ほどお話ししたように受注実績にも如実に表われています。

本書では、私たちが実際に現場で取り組んでいることを取り上げ、それを通してこのビジネスシステムの全貌を紹介していきます。住宅業界はもちろん、あらゆる業界でサービス向上の必要性を感じている方々に、必ずや参考にしていただけると確信しています。

最後に、本書はこれから家を持とうと検討をされている方にも参考にしていただきたいと思っています。

家を持つ目的は「建てたから幸せになれた、幸せになりたいから家を建てた」というのが本来だと思います。ところが、実際は、家を持つこと自体が目的になってしまっているお客様が多くおられます。とにかく家を建てようとされます。

それでは家を持つ目的がズレてしまいます。「家を建てて、どうなりたいですか？身近な人が建てたから自分も建てたいだけですか？」と問いかけると、いろいろな答えが返ってきますが、本質に気づかれていないことが多いのです。

家を持つ本来の目的は、そこで家族が暮らして幸せを感じたいからだと思います。家族が同じ空間と時間を共有し、互いに触れ合い、絆を深める場として家があるのです。本書でそのこともお伝えできれば、もっと家を建てて幸せになってくださる方が増えるにちがいありません。

では、いよいよ本論に入ります。何よりも、本書との出会いが読者の皆さんの心に感動を呼び起こすことを願ってやみません。

もくじ——儲けることばかり考えるな！ お客様が涙で感動する仕組み

1章 「皆生感動システム」で日本一を達成

2章　お金では買えないものを渡す

3章　お客様は集めすぎるな！【集客編】

４章　勝負は出会う前に決まっている【見学会編】

1章

「皆生感動システム」で日本一を達成

会社の実績は伸びているのに何かが足りない

——ようやく辿り着いた「答え」

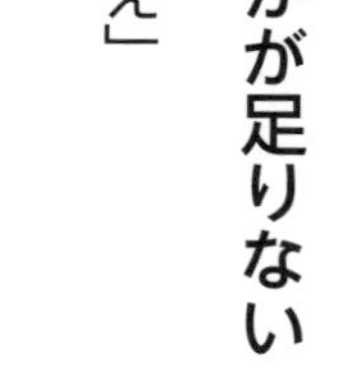

「皆生《かいせい》感動システム」は、私のそれまでのビジネス経験がベースになって生まれました。

私は営業畑で育ち、起業するまでに訪問販売で浄水器や太陽熱温水器など数々の商品を販売しました。

そして、22歳のときにある営業会社に入社し、6カ月で支店長となり、25歳のときにはスタッフ300名を超える会社の営業本部長になりました。それまでの本部長では最年少でした。

そのとき私にいちばん求められたことは、はっきりいえば会社が望む数字を達成することです。負けん気の強さなら人に負けない自信がありましたし、それまで与えられた売り上げ目標は必ず達成していたので、今回もやり遂げようと心に誓っていました。

ところがもう一方では、いくら売り上げを伸ばしても、どれだけ昇進できても、いくらお金を手にしても、それだけでは埋められない何かが自分の心の中にあることを感じていました。

家族との関係にも溝が生じていました。私が実績をあげようとがんばるほど、妻や子どもとの間に距離ができ、亀裂が大きくなっていったのです。

それだけではありません。独立して経営者になってからは、会社の実績は伸びているのに社員が次々と離脱していきました。

何かが足りないと思いながらも「答え」は見つからないままで、密かに悩み続けていました。

それを見つける機会がやってきたのが、平成24年から始めた新築事業です。このとき驚くほど業績が伸びたことは先ほどお話ししたとおりですが、この事業は私が長年探し求めてきた「答え」にやっと辿り着く貴重な体験になりました。

それが**「皆生感動システム」というビジネススタイル**ですが、私がどうしてそこに行き着いたのか、そこからお話ししたいと思います。

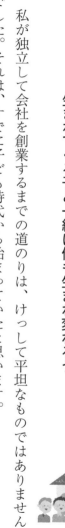

15歳から昼はとび職、夜は暴走族
——生まれてくる子と一緒に俺も生まれ変わろう

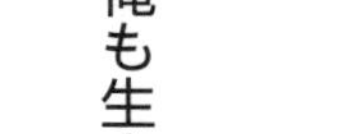

私が独立して会社を創業するまでの道のりは、けっして平坦なものではありませんでした。それは、すでに子ども時代から始まっていたと思います。

私が小学校低学年のころ、父親は女性をつくって家を出て行ってしまいました。そのあとは母親と兄（私より３つ年上で父親が違う）と私の３人家族になり、母親の新聞配達の仕事で家計をやりくりしていました。そのため、学校の給食費も払えない非常に貧しい家庭環境でした。

父親の違う兄と私は性格も異なっていました。それに私は女性をつくって家族を捨てた父親の子どもですから、母親からすると疎《うと》ましく思えたでしょう。私はいつも、兄と差を付けられました。たとえば、育ち盛りの小学6年生のころ、兄にはちゃんと夕食が出るのに、私には夕食を出してもらえません。そんなときは、「いつか見てろよ」と母親や兄に対して復讐《ふくしゅう》心を抱き、「いつか強くなって見返してやる」と心の中で誓って自分を奮い立たせました。

親への反発心を抱えたまま中学生になった私は、学校にはろくに通わず、やがて暴走族にも加わりました。何度も警察のお世話になり、生活は荒れる一方でした。

中学校を卒業すると、仲間は高校に進学して行きましたが、私は昼間はとび職の仕事をしながら、相変わらず夜は暴走行為に明け暮れていました。とび職の仕事は15歳から約7年間続けましたが、その間に何人もの親友がバイク事故で死ぬという場面に遭遇しました。昨日、あれほど元気だった人間が今日はこの世にいないのです。「明日はわが身かもしれない……」そう思ったことがきっかけで、ようやく自分の人生の目的や、自分が生まれてきた意味を考え始めるようになりました。

その後、22歳のときに結婚。妻はすぐに長男を妊娠しました。このとき**「人生を変えたい、変えなければならない」「目の前の現実から逃げたり、目標をすぐあきらめたりするのも止めよう」**という思いを強くしました。

「生まれてくる子どもに、自分の子ども時代に味わったような思いをさせたくない」「生まれてくる子と一緒に生まれ変わろう」そう決心して、携帯電話をすべて変え、友人関係もすべて断ち切って、生まれ育った故郷を離れました。

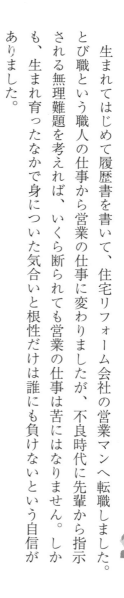

売った分だけ報酬になる営業職に就く
――25歳で３００人をまとめる営業本部長に

生まれてはじめて履歴書を書いて、住宅リフォーム会社の営業マンへ転職しました。とび職という職人の仕事から営業の仕事に変わりましたが、不良時代に先輩から指示される無理難題を考えれば、いくら断られても営業の仕事は苦にはなりません。しかも、生まれ育ったなかで身についた気合いと根性だけは誰にも負けないという自信がありました。

当時は23歳でしたが、営業の成績はすぐに伸びて、毎月の給料が１００万円を超えるのにそれほど時間はかかりませんでした。これでひとまず、お金で家族に迷惑をかけないという目標は達成できました。

実績が評価され、入社して半年後には最年少の支店長へ昇進しました。じつは、支店長になると歩合給から完全固定給になるため、それまで実績をあげていた人ほど給料が減ってしまいます。それで支店長への昇進を断る人もいましたが、「いつかは自分で独立したい」と考えていた私にとっては、失敗しても「すみません」で済む支店長職はありがたいポジションでした。実際、この支店長経験を通してマネージメントの基本を学ぶことができました。

支店長としての実績が認められると、25歳のとき今度はスタッフ300名を超える会社の営業本部長に最年少で昇進することになりました。自分が育てた支店は部下に任せ、6支店を統括することになったのです。報酬もグーンと増えました。

しかし、6支店すべての目標を達成することは至難の業です。会社では、それまで一度も達成したことはありません。しかし、私が**営業本部長になって2カ月目には6支店すべてが目標を達成**できました。

そのころになると、社長に誘われて六本木や銀座での会食や飲み会に出る機会が増え、仕事以外の遊び方も教えられました。そのときは、こういうことも仕事のうちなのだろうと考えていました。

あこがれの社長の真似をして1000万円もするベンツを買い、25万円のバーバリーのスーツを何着も買い、ロレックスの時計を身につけ、ヴィトンのバッグを持って飲み歩いていました。

「やっとここまで来たか、俺は成功した」。そう有頂天になっていたころ、妻が子どもを連れて家を出て行ってしまったのです。

もう限界だ！　会社を辞めよう！

——妻や子は本当に幸せだろうか？

会社はあまりにも早いスピードで急成長していました。ところが、その一方で、社員のマナーやセールストーク、コンプライアンスなどは追いついていません。すでに赤信号が点滅しているのに、３００名を超える組織は急には止まれません。

一刻も早く問題点をクリアすることが先決でしたが、社長の切った舵はさらに新規出店を増やすことでした。「最大の防御は攻め」といったところでしょうが、現場はもうそんな状況ではありません。新たに支店を出すには支店長や立ち上げスタッフが必要ですが、そんな人材は育っていませんでした。

日々の売り上げをつくるための打開策もないまま、「寝ずに働け。数字が足りないなら支店長が数字をつくれ」と必死に号令をかけるだけです。社員はみな疲れ果てていました。私は会議で、このままでは無理だと伝えましたが、全体の流れを変えるだけの力や権限はトップにしかありません。

しかも、こんな非常事態でも社長や役員幹部の浪費は止まりません。湯水のように経費を使う姿を見て、「この会社は絶対にダメになる」と確信しました。

それでも私は、自分と一緒に成長してきたこの会社が好きでした。ですから何とかしたいと思いましたが、ついに決定的な事件が起こってしまいました。それがきっかけで、新聞紙上に社名が公表されたのです。起こるべくして起こった事件でした。

ギリギリの状況で新規出店というアクセルを踏んだため、社員にはさらにプレッシャーがかかっていました。そんななかで一人の社員が認知症のお客様と契約をしてしまい、マスコミに取り上げられたのです。ちょうどリフォーム詐欺のニュースがテレビを賑わせているころでしたから、悪い評判が広まるのは早く、売り上げは目を向けられないほど落ち込みました。

社名を公表された企業はクレジット会社から取り引き停止を食らいます。飛び込み営業でクレジット（ローン）を使えないのは、かなりの致命傷です。あれほど媚《こび》を売ってきていた銀行は見向きもしません。

現実は残酷です。「一生付いていきます！」と言っていたスタッフが1カ月もしないうちにどんどん去っていき、数カ月で社員は300名から50名ほどに。そして、私より上の役員も会社を去っていきました。

残った社員への給料支払いも滞っていました。それでも、何もない私を雇い、生かしてくれた会社なので、何とかしたいとがんばっていましたが、「もう限界だ、会社を辞めて独立しよう」と決断するしかないところまで追い込まれてしまいました。

じつは、そのころ、妻との関係に赤信号が点っていました。私ががんばればがんばるほど、溝が広がり亀裂が大きくなっていたのです。それでも私は、「妻はなぜ、わかってくれないのだろう」「どうしてうまくいかないのだろう」と、妻のほうに原因があると思っていました。

ところがある日、「お金なんていらない！」と叫ぶ妻の声が聞こえたような気がしたのです。そして、

「いったい俺は何のために生まれてきたのだろう」

「こんな生活をするために生まれてきたのだろうか」

「妻は、子どもは、自分は本当に幸せなのだろうか」

という思いが押し寄せてきて、自問自答をくり返しました。

長男ともまともに遊んであげたことがない私は、形は違っても自分の親と同じことを懲りもせずくり返しているだけだったのかもしれません。

私と結婚したことで、妻は自分の生まれ故郷を離れ、身寄りのない土地で暮らしていました。

それなのに私はいつも家に居らず、相談相手も話し相手もいなくて大変だったと思います。ギリギリまでがんばってくれたが、もう限界だったのでしょう、妻は子どもを連れて実家に帰ってしまいました。

とにかく、妻としっかり話をしよう。長男とも一緒に遊びたい。そう思って、次の日、私は頭を下げて妻の実家へ迎えに行きました。長女が誕生したのは、それから間もなくです。

〝負けたくない〟より〝感謝〟が勝っている

――「許す」という気持ちこそが人生を豊かにする

住宅リフォーム会社に勤務していたときから、自分の内側（心の中）で薄々わかっていたことがあります。私は何をやるときも「見返したい、負けたくない」という怒りに似た感情をモチベーションに変えて生きていたのです。

その発端は、親に対して「あんな親にはなりたくない！」という感情だったのかもしれません。だから、社長に対しても「俺ならもっとうまくできる」と思いながら仕事に向かっていました。しかし、そんな気持ちでは長くは続きません。いつも戦っていることで心を奮い立たせていますが、ある一定のラインを過ぎると心が苦しくなります。そして孤独を感じます。

そういった自分の中の卑屈さや歪みが周りにも影響を及ぼしていることを、心のどこかで感じていたのです。そのままでは物事はうまく運びませんし、これ以上前に進めないと思ったとき、私には「許す」という作業が必要でした。

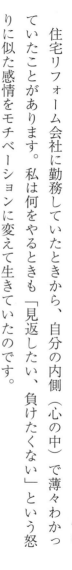

26歳で独立してリフォーム事業を柱とする株式会社リアンコーポレーションを設立し、途中からは新築事業に取り組み始めましたが、そのころは、もう自分自身を誤魔化し続けることはできないと感じる自分がいました。

　私はすぐにでも自分の実家に帰り、疎遠になっていた母親に今の思いを伝えたいと思いました。心の中で思っているだけではなく、実際に相手を許し、感謝を伝えたいと……。ところが、いざ母親を目の前にすると「言うは易く行なうは難し」です。幼少期のことが思い出され、母親の言葉で幼い心が傷ついたことも鮮明によみがえってきます。なかなか素直になれない自分がいました。

　このままではいけない、感謝の心こそすべてに勝っていると思い返し、「お母さん、産んでくれて、育ててくれてありがとう」と思い切って言いました。その瞬間、「厳しい環境で育ってきたからこそ今の自分がある」「命をつないでくれてありがとう」そんな思いが自然に湧いてきて、私の心の靄《もや》が晴れていくのがわかりました。母親は「ごめんね、ごめんね」と何度も言いながら泣いていました。

　そのとき私は、**すべては感謝からしか始まらない**と実感したのです。

お客様とスタッフが「感動」でつながる経営を目指す
――仕事のやりがいはお金だけでは得られない

それまでは、売り上げを伸ばすためにがむしゃらに働いてきましたが、何よりもお客様から感謝される仕事をしよう、お客様を感動させることを第一に仕事をしようと心に決めました。そのことを経営理念として掲げ、あくまでまっすぐな経営に徹底することにしたのです。

もちろん、経営においては入金と出金から目を離すことはできません。その意味で、経営は現実との戦いです。どんな立派な経営理念を掲げても、目先の利益とのバランスが取れないと、自分を曲げてしまうことになりやすいものです。事実、私たちも以前は現実の売り上げ目標に追われ、やりがいを感じたり、楽しさ、面白さを感じたりするには程遠い状態で働いていました。

そんな状態から経営方針を切り替えると、それまでがんばってくれていた社員が12名も去って行きました。正直、このままでは売り上げが下がってしまうのではないかと心配になりましたが、たとえ売り上げが下がっても、この選択を貫こうと改めて決意したのです。その結果、先にお話ししたように新築事業の売り上げは驚くほど伸びました。そのこと自体は、ビジネスが売り上げを目指すものである以上ありがたいことですが、私たちにはもっと重要なことを見つけることができたのです。

それは、「感動」によって人と人が結びつくような仕事でなければ、やりがいは得られないし、家族との絆も強くならないということです。会社としても、そうして得られる売り上げでなければ長続きはしないということです。

それらはすべて、**お金では買えない「感動」の恩恵として得られるもの**なのです。

思えば、私自身、随分と長い回り道をしてきたようですが、ようやく、そのことを確信できたのです。それをビジネススタイルとしてシステム化したのが、本書の最大のテーマである「皆生感動システム」です。

このシステムが社内に定着するにつれて、スタッフの家族はいちばんの応援団となり、家づくりに関わる職人さんや業者さんも応援団になってくれました。そんなつながりの中で働くスタッフたちは、仕事に自尊心とプライドをもち、楽しさとやりがいを感じながら成長してくれています。私がずっと願っていた姿がここにありました。

もちろん、実際にビジネスの現場でスタッフが感動を感じながら仕事をすること、お客様と感動を共有することは、口で言うほど簡単ではありません。感動といっても人によって感じ方に個人差があります。何より、そうした曖昧なものにこだわりすぎると、かえって現実を見失い、お客様の信頼を失ったり、経営の障害になったりする危険性もあります。

ですから、ビジネスの現場で実践するには、**感動の質と成果が目に見える形で現われるように徹底してシステム化**することが必要です。そのために、私たちが新築事業というビジネスの場でさまざまな実践をし、試行錯誤をくり返しながらつくりあげたのが「皆生感動システム」なのです。

私たちは、たまたまこのシステムを住宅業界で実践していますが、他の業界でもビジネスモデルとして十分活用できると考えています。そして、このシステムをより多くの方たちにシェアしていくことが私たちの大切な使命であるとも感じています。

いよいよ次の章から、この「皆生感動システム」について具体的に取り上げていきます。私たちが新築事業の現場で実際にどのようなことを行なっているのか、その様子を紹介しながらお話を進めていきたいと思います。

感動レポート「笑顔」のみでなく「感動」を生産していきたい

黒澤隆太郎（株）リアンコーポレーション・笑顔生産部）

笑顔生産部という営業部門に所属し、主に新築物件の販売を担当しています。家は一生に一度の大きな買い物ですが、お客様の住まい選びに間違いがないよう、お客様が「家を買う目的」や「人生の目的」に耳を傾け、できるだけピッタリのお住まいをつくれるように提案しています。

私が考える仕事の目標は、お客様を筆頭に、パートナー企業の職人さん、当社のスタッフなど、仕事に関わるすべての人を幸せにすることです。それには、自分自身が一流の人間になるしかないと考え、常に自己研鑽を積むよう心がけています。

お客様から「ありがとう」の言葉をいただくと、やりがいを感じますが、家を引き渡すとき、お客様の「感動の涙」を見ると、本当に感無量になります。

ですから、涙を流すほどの感動を与えることを、仕事の目標にしています。現在、「笑顔生産部」に所属していますが、「笑顔」のみならず「感動」を生産できる部署になれるよう日々努力しています。

コラム　現在までの私たちの歩み

会社設立後、初年度である平成20年度の売り上げは4億円、平成21年度は4・5億円、平成22年度は5・3億円、平成23年度は6億円、平成24年度は7・5億円、平成25年度は11億円、平成26年度は17億円と右肩上がりで推移しています。

主な事業内容は新築事業とリフォーム事業ですが、栃木県初の福祉用具の日割りレンタルなども手掛けています。地元では、そうした事業も評価され、リーディングカンパニーとして下野新聞などの地元紙やリフォーム産業新聞でも度々取り上げられています。

2章

お金では買えないものを渡す

感動を演出する「引き渡し式」
――お客様もスタッフも職人さんも感動する

一般的な家の引き渡しは、一通り手続きがすめば、お客様から「はい、ありがとう」と言っていただいてお終いです。しかし当社では、お客様に完成した新築住宅を渡すときに「引き渡し式」を行なっています。

家づくりは人生で一度か二度のメモリアルな出来事です。いよいよ家が完成し、いよいよそこで家族の生活が始まる瞬間です。このとき、お客様の喜びと期待は最高潮に達します。つくり手である私たちにとっては、お客様がいつまでも幸せに暮らしていただけるように願いながら、つくり上げた家が自分たちの手を離れ、お客様に手渡される瞬間です。

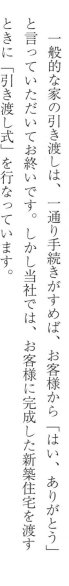

そんな記念すべき瞬間が感動的なシーンとしていつまでも心に残るように演出しようというアイデアも、「皆生《かいせい》感動システム」を実践するなかで生まれました。

そもそも「はい、終わりました、どうぞ」では何の楽しさも、おもしろさもありま

生まれてはじめて！　感動のテープカット

テープカットで喜びも倍増

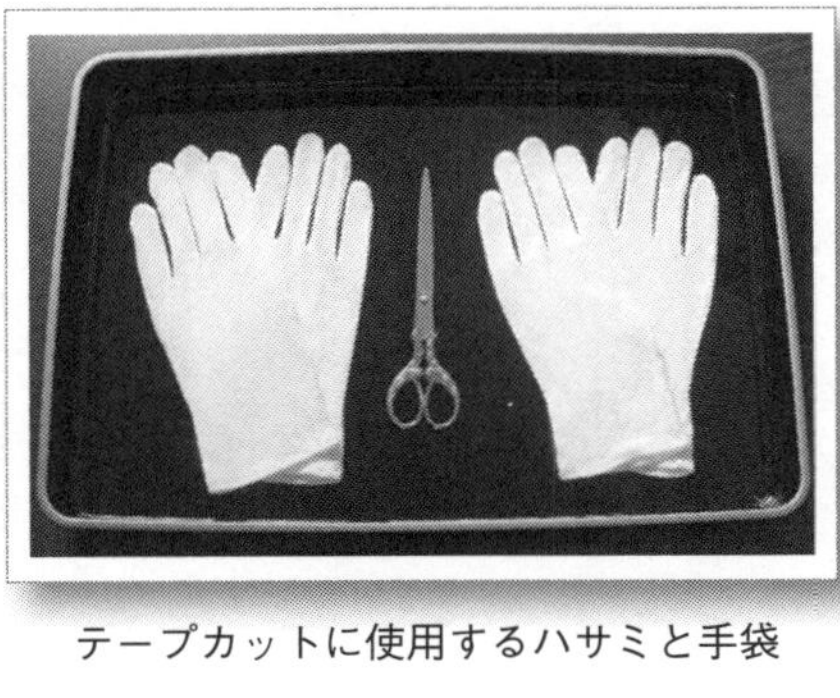

テープカットに使用するハサミと手袋

せん。そこで、家の引き渡しも大切な仕事として捉え、しっかり心を込めて演出することにしたのです。

お客様のご家族、当社のスタッフ、家づくりに関わった職人さんや業者さんなどが一同に集まったところで、まずテープカットが行なわれます。白い手袋をしたお客様が金色のハサミでテープカットをします。その瞬間、みんなから「おめでとうございます！」と祝福の声があがります。

テープカットといえば、鉄道路線の開通とか、拠点ビルの開設とか、大型船の進水式など大規模なセレモニーで行なわれる様子をテレビ映像などで目にしたことがあると思います。こういうテープカットは特別な立場の人しか体験しないことですが、家を持つことは一人ひとりの人生においてはとても特別なセレモニーです。

ですから、「引き渡し式」でもテープカットを行なうことにしました。生まれてはじめて体験する人がほとんどで、とても感動的なシーンになっています。

サプライズのプレゼント
――プロが加工した子どもの絵、感謝の手紙を贈る

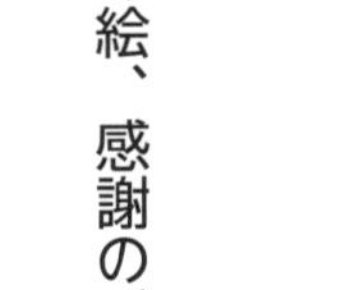

テープカットが終わって、お客様がご家族揃って家の中に入ると、額入りのお子さんの絵をプレゼントします。この絵は元々、以前打ち合わせのためにご家族で来られたとき、その場でお子さんが画用紙に描いたものです。それをプロのデザイナーに渡し、センスよく仕上げてもらいます。お子さんとプロのデザイナーがコラボすることで、とてもいい出来映えになります。リトルアーティストという商品で、お客様もたいへん喜んでくださいます。

プロが加工したお子さんの絵

その絵の中には、ご家族が家を持とうとしたときのお子さんの感性が「時の思い出」として封印されています。その絵を見ながら、家を建てたときの感動やお子さんの様子を思い描いてもらえたら、と思ったのです。これが、まさしくサプライ

ズのプレゼントになっています。

それだけではありません。まだサプライズが続きます。

お客様にとっては、家を建てようと決断したときから家が出来上がるまでの間、お金の心配、夫婦間の考えの違いによる葛藤などいろんな苦労があったと思います。それでも念願叶って家が出来上がり、いよいよご家族で新たな生活がスタートします。

そのとき、ご夫婦が互いに感謝の気持ちを言葉にして伝え合うことができたら、きっと感動的なメモリアルになるにちがいありません。ところが、そんなことは、夫婦だけではなかなかできないことだと思います。そこで、ご主人か奥様のどちらかにスタッフのほうからお願いして手紙を書いていただき、サプライズでそれを読み上げる場を設けることにしたのです。

ふだん、夫婦が相手に改まって感謝の気持ちを伝える機会は意外に少ないでしょう。ですから、家が完成した機会に「これまでありがとう。これからもよろしく」と手紙を読み上げると、ほとんどの方は感極まって涙したり、笑顔になったりします。

一緒に参加している私たちも最高に感動します。スタッフのなかには、感極まって涙する者もいます。「本当にこの仕事をやってきてよかった。家づくりは本当に喜ばれる仕事なんだ」という感動が湧いてくるからです。「家をつくるだけが仕事じゃないんだ。本当は、お客さんの幸せに寄与する仕事なんだ」という気づきにもつながります。

スタッフが自分で実感したことは、本人の心の中に本当に大きなパワーを呼び起こします。私が口を酸っぱくして言っても伝わらなかったことが瞬時に理解できます。家づくりは、住宅業界は、こんなに楽しいと何千回何万回聞かされるより、心と魂が震えるようなこの一回のリアルな体験が大きいのです。

手紙で感謝の気持ちを伝える

「この仕事、本当に素晴らしいな、うれしいな」「ああ、俺たちやってきてよかったな」とスタッフが自ら感じることが、本当の意味で会社のエネルギーになります。経営者や上司にとっても、こんなうれしいことはないでしょう。

「引き渡し式」は、スタッフがそんなエネルギーをお客様からもらえる場にもなっているのです。そして、人のために役立つ仕事をしているというプライドを確認する場にもなっています。

感動レポート

サプライズと感動に満ちた家づくり

加納速人さん（40歳）・光子さん（40歳）

私たちは夫婦ふたりなので、ずっと賃貸暮らしでもよいと思っていました。住まいを建てようと舵を切るきっかけはリアンコーポレーションの折込チラシです。ゼロキューブ（1000万円から建てられる、ムダを削ぎ落とした形のローコストデザイン住宅）の家は外観や間取りのデザインがスタイリッシュで、とにかく格好良かった。すぐに夫婦そろって遊び感覚で完成見学会に足を運び、ますます気に入りました。スタッフの方々の「おもてなし」にも感銘を受けました。

太陽光発電システムを採用することで、住宅ローンに縛られずに家を建てられるのも魅力的でした。実際の家づくりでは無理な注文もしましたが、誠心誠意、できる限りの対応をしていただきました。

施工中は着工式に始まり、さまざまな感動やサプライズがあり、ワクワク、ドキドキしながらの家づくりは本当に楽しかったです。リアンコーポレーションは「家を売る会社」というよりも「感動を売る会社」だと思います。

家づくりを収録した感動のＤＶＤでプラスの連鎖が起こる

――出会いから引き渡しまでを映像化

家づくりのすべてを収録したＤＶＤがあります。これも、私たちが「皆生感動システム」を実践する中で生まれたものです。その中には、完成現場見学会でお客様とはじめて出会った場面から始まって、打ち合わせの場面、土地が決まったときの場面、お子さんが絵を描いている場面、お客様とスタッフと職人さん、業者さんがはじめて出会った場面など、思い出に残る数々の出来事が動画として収録されています。

基礎づくりから始まって家が建つまでの建築、造作、外壁、電気工事、内装、クロス、美装などの作業の様子と、職人さん全員の顔写真と名前も収録されています。

これらが、素敵なＢＧＭが流れるなかで一つの物語として構成されているのです。自慢ではありませんが、記録映画としてもかなり完成度の高いものに仕上がっていると思います。「引き渡し式」が終わった後、お客様はもちろん、家づくりに関係したすべての方たちにこのＤＶＤをプレゼントしています。

じつは、私たちがＤＶＤ製作を始めたのには、いくつかの理由があります。いちばんは、お客様に家を持ったときの思い、感動をいつまでも忘れないでほしいと思ったことです。日々の生活に追われていると、どんなに感動したことでも薄らいでいきやすいものです。たまにはＤＶＤを見ながら、家をつくったときの感動、家族の絆を思い起こしてもらえればと思ったのです。

もう一つはビジネス上の理由で、クチコミ効果を考えたからです。経費をかけて宣伝すれば、それなりの集客はできるでしょうが、効果が鈍ってくればまた経費をかけて宣伝することになります。そんなことをくり返していたら、いずれは資金が尽きてしまうかもしれませんし、粗利も次第に下がってきます。これでは、経営が立ちゆかなくなる時がくると思ったのです。

それを避けるには「紹介」がいちばんいいわけですが、このＤＶＤは見るだけで、「リアンコーポレーションで家を建ててよかった」と思ってくださるお客様の気持ちが伝わってきます。ＤＶＤがなくても、お客様はその気持ちを伝えてくれると思いますが、ＤＶＤの映像を見ながら「リアンコーポレーションってこんな会社なんだよ。ここで新居を建てると、こんなふうになるんだよ」と話してくれたら、言葉だけで話すより何倍も良かったという気持ちが伝わるはずです。

このことに気づいてからは、お客様には新築記念に10～20枚のDVDをプレゼントしています。お客様が喜んでくださっていれば、ご両親、兄弟、近所の方などにDVDを見せて「わが家は、こんなふうにして出来たんだよ」と紹介してくださいます。

もっといえば、ご主人には、趣味の仲間、小・中・高・大学時代の友人、会社の同僚、上司や部下といったつながりがあります。奥様にも、幼馴染み、小・中・高・大学時代の学友、幼稚園のママ友、勤務先の関係者といったつながりがあります。一組の夫婦だけでも、これだけたくさんのつながりを持っておられます。

新築記念のDVD

お客様のなかには、新居の完成お披露目としてホームパーティーを催す方がよくいらっしゃいます。そのとき、みんなにこのDVDを見てもらったり、記念にDVDをプレゼントされたりします。

「うまく言えないけれど、すごく良かったよ」という言葉だけでは十分伝わらなくても、DVDなら見てもらうだけで、何が良かったのか伝わります。そうしてお客様の幸せ感がどんどん広がっていくと、そこから紹介受注につながることもよくあります。

最近よく「消費税増税後の対策はどうしていますか?」と聞かれることがありますが、私は本気でこの感動のＤＶＤがいちばんの対策だと考えています。しかも、このＤＶＤはスタッフのモチベーションアップにも貢献してくれています。

私たちは、同じことをくり返していると、悲しいかな、ついついお客様へのサービスを端折ってしまいがちになります。効率をよくすることがいちばんだと勘違いしやすいからです。知らぬ間に仕事への取り組みが業務的になり、ただ「仕事をこなす」ようになります。お客様の立場に立ったサービスにも気持ちが入らなくなります。

こうした仕事の質の低下は少しずつ進んでいくので、本人たちはなかなか気づきません。しだいに結果が出なくなってきますが、どうしてそうなったのか理由もわかりません。こうならないいちばんの対策が感動を共有することなのです。お客様が感動してくださる。それを見て自分たちも感動する。もっといいサービスをしようというエネルギーが湧いてくる。このようなプラスの連鎖が起こるのが「皆生感動システム」ですが、このＤＶＤはそのための大きな力になってくれています。

感動レポート

感動が感動を生む仕事に誇り

稲葉達也（㈱リアンコーポレーション・笑顔生産部）

主な仕事は新築物件の現場管理です。実際には、図面通りに施工されているか、工期は守られているか、きれいに仕上がっているか、作業が安全に行なわれているかなどを管理しています。

お客様に、すべてにおいてベストの状態で家を引き渡すために、パートナー企業の職人さんと思いを共有し、同じ方向を向いて仕事をするよう心がけています。同時にお客様にとっては建築の世界はわかりにくいことが多いので、お客様の立場で少しでもわかりやすく現場の様子を伝え、信頼関係を築くことが大事だと思っています。

そうして完成した家をお客様にお引き渡しする瞬間は、手塩にかけて建てた建物への愛着と、お客様が感動し、喜ばれる笑顔がオーバーラップして、私も感動します。この仕事を選んで良かったとつくづく実感できる瞬間です。

施工後のアフターフォローで住み心地がいいと評価していただくのも、うれしい体験です。こうして、感動が感動を生む仕事ができることが大きな誇りです。

仕事へのやりがいと誇りが喚起される
——ＤＶＤのエンドロールに名前を入れる

ＤＶＤを製作するようになって、私が予想していなかったうれしい副産物がありました。

じつは、最初に製作したＤＶＤには職人さんや業者さんの名前は入っていませんでした。その後は、エンドロールに入れることにしましたが、それは「ちょっと待て、この家を建てられたのは誰のお陰だ」と気づかされたからです。

私自身、猛省しましたが、どこかで職人さんや業者さんを下に見ていたところがあったのだと思います。そのころは、何のためらいもなく「もっと安くやってくれ」などと一方的に値引き交渉もしていました。下請けの職人さんは、それでもやらざるを得ないわけですが、心が離れていくのは当然です。そのことに気づかず家づくりをしていて、家の質が思ったように向上していかないジレンマを抱えていました。

いい建物が出来るのは、私たちの努力だけでなく、職人さんたちも努力してくれているからです。どちらが上か下かということではなくて、お互いを対等に見なければ、相手を敬う気持ちがなければ、いい家づくりはできません。

　職人さんの視点で家づくりを考えると、基礎づくり、外壁、電気工事、内装など自分が担当した現場しか見ていないことが多いと思います。次から次へと現場を移動し、担当部分をこなしていかないと、まとまった収入が得られないからです。ですから、それぞれの職人さんは家づくりのプロセス全体を見ているわけではないのです。

　日ごろ職人さんたちに接していて「なぜ、うちのスタッフに比べて元気がないのか」と不満に思っていました。しかし考えてみると、職人さんたちは自分が手がけた家が完成した姿、それを引き渡されたお客様の反応を直接見る機会がありません。それでは、どんなにがんばっても感動というプレゼントはもらえません。当社のスタッフが仕事のやりがいを感じることができるのは、お客様のハッピーエンドを見て感動を共有できるからですが、職人さんには、そうした機会がなかったのです。

　ＤＶＤには、家づくりの様子が映画のようなひとつの物語として収録されています。そして最後のエンドロールには、関わった人たちすべての名前も流れます。職人さんたちがこれを見れば、自分たちが手がけた家の完成形がわかりますし、感動して涙を流しているお客様の姿にも触れることができます。「そんな家づくりに携わったのがあなたですよ」と語りかけるようにエンドロールに自分の名前が流れます。

それによって、この仕事に携わって本当に良かったと感じてもらえれば、職人さんたちのやりがいや誇りが喚起されることにもなります。

家族にも感動がつながっていく

——妻や子どもの反応が変わる

このDVDは、職人さん自身だけでなく、職人さんの家族が夫や父親の仕事を知る助けにもなっています。たとえば内装の職人さんがお子さんから「お父さんの仕事って何?」と聞かれて「クロス屋だよ」と答えても、よくわからないと思います。「クロスってこれだよ」と説明すると、「これ、紙なの?」と聞かれるかもしれません。そこで「紙だよ、これを貼っているんだよ」と説明しても、お子さんはイメージが浮かばないでしょうし、「うちのお父さん、かっこいい」とは思えないかもしれません。

職人さんは、配管の技術、電気の技術、クロスを貼る技術、木を切る技術など、それぞれの分野ではすぐれた技術の持ち主です。しかし、それがどんなふうに人の役に立っているのかを子どもに伝えるのは、なかなかむずかしいものです。しかも、職人さんの世界はどちらかというと、技術は「現場で見て覚えろ」という傾向が強いので、言葉でうまく語れる人は少ないと思います。

当社のスタッフでもそうです。家族から「あなたはどんな仕事をやっているの?」と聞かれて、どこまでうまく伝えられるでしょうか。たとえ三日三晩かけて話したとしても、うまく理解してもらえないかもしれませんし、言葉に長けた営業マンでもうまくいかないかもしれません。ですから、お子さんだけでなく奥さんでも、自分の夫がどんな仕事をしているのか、ほとんど知らない人だっています。

ところが、「俺、こんな仕事をやっているチームの一員なんだよ」と話しながらDVDを見てもらえば、一発でイメージが伝わります。家族は「お父さん、すごいじゃん、この家を建てている一人なんだね」と理解できます。

DVDのエンドロールに職人さんや業者さんの名前を入れたのは、「俺はこんな仕事をやっているんだよ」と、自分の家族に自信を持って伝えられたらいいなと思ったことも理由の一つです。

家族の理解がないと、会社のスタッフや職人さんにとって、仕事はただ果たさなければならないノルマになりがちです。「仕事だからやらなければならない」と思って働くことはたしかに必要ですが、それだけだと仕事に気持ちが入りませんし、ストレスも溜《た》まります。

そんな状態で仕事をしていると、家に帰って妻から「～さんのご主人は、奥さんにこんなことしてあげているのに……」「もっと早く帰ってきてほしいのに……」「もう少しお給料上がったらいいのに……」「もっと休日が取れないの……」と言われて、夫婦の間にすきま風が吹いたりすることもあるでしょう。

家族がこのＤＶＤを見ると、夫が、父親がどんなふうに働いているのかが少しずつ見えてくると思います。妻は、夫の仕事振りを見て心密かに「がんばって」と思ってくれるかもしれません。「うちのお父さんはね、こんな仕事をしているのよ」と子どもに話して聞かせたり、友達に自慢気に話したりするかもしれませんし、自分の両親にＤＶＤを見せて、夫のことを話題にすることもあるでしょう。

こんな妻の反応が、夫のがんばる力にならないはずがありません。

全体のモチベーションが高まる
——お金では計れないＤＶＤの魅力

子どもがＤＶＤを見て「うちのお父さんはすごい、かっこいい」と思ったり、「こんな仕事をやっているんだよ、お客さんが涙を流すほど喜んでいるんだ。だから、お父さんみたいになりたいんだ」と友達に話しているとしたら、父親としてどんなに嬉しいことか。もしかしたら学校で『うちのお父さんは～』という題で作文を書くかもしれません。

子どもが父親の仕事を自慢してくれることほど嬉しいことはありませんし、もっとお客様に喜ばれる仕事をするぞという意欲も湧いてきます。職人さんならば、釘１本打つのにも気持ちが入るはずです。「まあ、いいや」と気にかけなかった建築現場の屑《くず》１個だって拾う気になるはずです。現場に訪れたお客様への挨拶にも心が籠《こ》もるはずです。

職場にそういう雰囲気をつくることが、会社の成長をうながす大きな力にもなりま

す。

今は、一度に何百枚もＤＶＤを製作しています。ある程度、費用はかかりますが、職場の意識改革になること、お客様の記録になること、そして宣伝効果になることも考え合わせると、大した金額ではありません。

たとえば、新規のお客様を集客するために、ＣＭや莫大な数の折り込みチラシを撒くこと、モデルハウスを設置すること、ＦＣのロイヤルティーを払うことなどと比べたら、本当に僅かの費用で済みます。

それ以上に、ＤＶＤを通して、お客様と会社のスタッフ、職人さん、業者さんなどが感動でつながり、全体のモチベーションが高まることを考えると、ＤＶＤにはお金では計れない魅力があります。

感動レポート

見えない部分にも徹底したこだわりを

真岡輝佳（㈱真岡電設工業・代表取締役）

住まいの電気工事全般を請け負っています。一般住宅の場合は、屋外・屋内で使う照明器具や各種スイッチ、コンセント類の配線工事をはじめ、器具の取り付けを行なっていますが、エアコンの配線工事や設置、テレビアンテナの設置など電気に関係するすべての作業を担当しています。

とくに第二種電気工事士の資格を活かし、見た目の「美しさ」と永続的な「安全性」を考慮した仕事を心がけています。どんなに時間を費やそうとも、自分が納得するまで、そしてお客様が納得するまで、完成度の高い仕事にとことんこだわっています。

たとえば、スイッチやコンセント類は目立たないところに付ける傾向がありますが、日常生活でかえって使い勝手が悪くなり、ストレスになってしまうこともあります。想像力をフル稼働し、お客様の実際の暮らしをイメージしながら作業を進めるようにしています。

これからも、徹底したお客様目線で仕事に取り組んでいきたいと思っています。

「感動」を柱に経営理念を掲げる
——ダメなら会社をやっている意味はない

会社であれば、普通は目標数値を掲げ、それに向かってスタッフ全員が邁進します。100％達成する人もいれば、達成できない人も出てくるでしょう。いずれにしても、掲げられた目標数値は無言のプレッシャーになり、真剣に達成しようと思うほどストレスがかかります。

その状態が長く続くと、会社もスタッフも必ず病んできます。褒美としてお金がもらえれば、ひとまずストレスは解消されるかもしれませんが、それだけではダメです。たとえば、仕事に対するやりがいやプライドはお金では買えません。仕事をする楽しさもお金では買えません。どんな高級デパートにも、仕事が楽しくなる薬は売っていませんし、1億円払っても、どこかで買えるわけではありません。

抱え込んだストレス、家族や夫婦間の不和もお金だけで帳消しにはなりません。人間はそんなに便利にはできていないと思います。

先でもお話ししましたが、私自身、自分ががんばればがんばるほど妻との溝が広がり、「そんなお金なんていらない」と言われてしまいました。会社の売り上げを伸ばそうとするほど、社員が離脱していくという辛い体験もしました。

そのたびに、いったい俺は、

「何のために生まれてきたのか」

「何のために命を使っているのか」

「何のために仕事をしているのか」

と自分に問いかけました。その結果、ようやく手に入れた「答え」が、

「やりがいとかプライドは〝感動〟があってこそ得られる恩恵である」

ということだったのです。私は、そのことにどこかで気づいていたのに、素直に認めることができずにいたと言ったほうがいいかもしれません。

本気でお客様の幸せを願い、本物の感動を提供しよう、その感動を会社のスタッフ、職人さん、業者さんたちと一緒に共有しよう、どんなときもその感動を最上位に置いたビジネスシステムを確立しようと心に決めました。その結果生まれたのが「皆生感動システム」です。

これを経営理念として掲げ、それまでのやり方を徹底的に変革し、どこまでもまっすぐな経営をすることにしました。それでもダメなら会社をやる意味はない。そう決心したのです。

もちろん、経営は現実との戦いですから、目の前の利益を追求しないと、その理念は単なる空念仏になってしまいます。世に言う「道徳なき経済は罪悪であるが、経済なき道徳は寝言である」ことは、まさにそのとおりです。

それでも、会社の理念を曲げてまで利益追求の経営をすることに意味はないし、自分自身にさえ嘘をつき誤魔化して経営を続けることになる。そう考えて、まず、それまでやっていた歩合給を廃止しました。そして、社内にこの理念を浸透させることから始めました。

その過程で、会社の変化に付いていけないスタッフが離脱していきました。「皆生感動システム」の実践の場と考えた新築事業について経営者仲間から「お前は新築をやったことがないから、まだわからないのだろう」と言われることもありました。

しかし、「皆生感動システム」が時代の求めているビジネススタイルであることは、お客様の反応、スタッフや職人さんたちの反応を見ていて、すぐに確信できました。お客様の感動がスタッフや職人さんたちにつながり、やりがいとなって広がっていきます。みんなキラキラ輝いて働いているのがわかります。その姿をＤＶＤで見た家族は、いちばんの応援団となってくれます。

もちろん、売り上げ実績にも効果が現われ、年間で61棟契約する営業マンもいて、会社の売り上げは新築事業を始めてから2年で２・５倍近くを計上できました。「すごくいいよ」と喜んでくださるお客様の声が新しいお客様に伝わることで、１カ月に３棟、４棟と紹介受注を受けることも起こってきました。

掲げた理念を実践するには？
――独りよがりな桃太郎では失敗する

もちろん、いくら立派な理念を掲げて組織づくりをしても、それだけで人が動くとはかぎりません。「笛吹けど踊らず」は、どこでも起こることです。当社でも最初はそんな感じでした。「なぜわかってくれないのか？」そう思って、何回も時間をかけてコ

ンコンと説明しても、なかなか浸透していきません。同じところを際限なくループしているような感じでした。

そこから脱出できたのは、ある気づきを得たからです。

それまでは、素晴らしい理念を掲げているのだから、トップが言っているのだから、給料を払っているのだから、スタッフは当然、その理念を実現できるように自分を変えるべきだと考えていました。

しかし、神様でもないのに人を変えることなどできるはずがありません。人はそれぞれ、生きる目的も、なりたい人間像も、目指す夢や理想も違っています。それなのに、「掲げた理念に合うように自分を変えるのは当然だろう」「いいから前に進むぞ!」と、私はみんなの首根っこを掴むようにしてひた走っていたのです。もちろん、これで上手くいくはずはありません。

おとぎ話『桃太郎』に登場する桃太郎と3匹のお供の関係にたとえてお話しすると、こんな感じです。

鬼ヶ島の鬼が現われては悪さを働き、村人たちを苦しめていました。それを見かねた桃太郎は鬼ヶ島に行って鬼退治をすることにしました。途中で仲間が必要だと考えた桃太郎が最初に見つけたお供が猿です。

桃太郎「一緒に鬼ヶ島に来てほしい、来てくれたらきび団子をあげるよ」

猿「鬼ヶ島に行きたいわけではないけど、きび団子をくれるなら行くよ」

そんな調子で猿がお供をすることになり、さらにキジと犬もお供に加わって鬼ヶ島に向かいました。

ところがその途中、猿と犬は、自分のほうがきび団子が少ないとか多いとか言って争っています。桃太郎は「何度言ったらわかってくれるんだ」とくり返し説明しますが、うまく伝わりません。そのまま鬼ヶ島に着いてしまいました。

「さぁ鬼退治だ！」と号令をかけますが、そんな調子でうまくいくはずがありません。みんなの力を一つにして戦わないと、勝てる相手ではないのです。

桃太郎チームが劣勢になると、猿はこう言いました。「だから鬼ヶ島になんか行きたくないって言ったんだ……」。犬は「そうだ、俺も別に来たくて来たんじゃない……」。キジは「もっとたくさんきび団子をくれたら力を貸すよ」と言い出します。

桃太郎は桃太郎で、「なぜ、私の言うことをわかってくれないんだ」と不満が募るばかりです。結局、鬼退治を果たせないまま村へ引き返してしまいました。

人を変えようと思うと、わかってほしくて何回も時間をかけて説得したくなります。それでも相手が変わらないと、気持ちが苛立ってきます。それだけでなく、相手を変えられない自分にも苛立ちます。

相手に「変わりたい」という自覚がないのに、それでも変えようとすると、一方的に押し付けることになります。相手の心の中には反抗心が湧いてきます。そんな関係のままでは、仕事をする気にはならないでしょう。

はじめのころの私は、この桃太郎と同じでした。私が、こんな素晴らしい理念を掲げているのにと思ってがんばるほど、みんなの気持ちは離れていったのです。

カギは理念に共感してくれる仲間がいること

――ミッションを達成した桃太郎

人を変えることのむずかしさを悟った私は、報酬が高いとか、待遇がいいといったこと以上に、まず経営理念に共感してくれる仲間が大事だと痛感しました。ですから求人募集では、会社の理念やビジョン、さらには私自身の生き方についても積極的に話すことにしました。平成26年度の新卒採用では、まだ内定を出していない学生さんを招待し、会社の全体会議を朝から見学してもらうことも試みました。

先ほどの桃太郎の物語の続きでいえば、こんな感じです。

鬼ヶ島での鬼退治に失敗して村に帰ってきた桃太郎は、相変わらず鬼たちが悪さをし、村人を困らせている様子を見て、やはり放っておくことができません。仲間に出会うたびに「村を守るには、やはり鬼ヶ島に行って鬼退治をすることが必要だ」と、自分の考えを話しました。

それを聞いて「素晴らしいことだ、それしかない」と声をかけてくれる人もいましたが、無理に誘うことはしませんでした。何もできず鬼ヶ島から引き返してきた苦い経験があったからです。

ひたすら、自分の思いを語り続けました。気づいて見ると、「じつは、俺もそう思っていた。このまま鬼を放ってはおけない。一緒に連れて行ってほしい」と共感してくれる仲間が自然に集まっていたのです。

いよいよ鬼退治に向かう途中、仲間からは、こうしたら鬼退治がもっと上手くいくんじゃないか、こうしたらもっと村人のためになるんじゃないかというアイデアが次々と出てきます。鬼退治を成功させるために自分たちはどんな役割を果たしたらいいのか、仲間たちが自ら話し合って決めていきます。そんな様子を見て、桃太郎はとても心強く感じます。

いよいよ鬼ヶ島に到着です。いざ戦いが始まってみると、さすがに鬼は強いけれど、みんなは作戦どおりに一つになって戦いました。どっちが勝ってもおかしくないほど拮抗《きっこう》した戦いでしたが、鬼退治の理念やビジョンをしっかりと共有していた桃太郎と仲間たちが勝利しました。

村に帰ってきた桃太郎と仲間たちは、涙を流して喜ぶ村人たちに迎えられました。村中に「ありがとう」の言葉があふれ、感動が渦巻いていました。そんな村人たちの顔を見たとき、桃太郎と仲間たちは、鬼ヶ島から持ち帰った山積みの財宝でも買うことができない宝を手に入れていたのです。

ビジネスを成功させるカギもまったく同じところにあります。

「皆生感動システム」が生み出す好循環

——顧客満足度（ＣＳ）と従業員満足度（ＥＳ）が大幅ＵＰ

多くの企業で、物品やサービスに対するお客様の満足度や幸福度、いわゆる顧客満足度（ＣＳ）を高める取り組みがなされています。

ところが、実際にはうまくいっていないことが多いと思います。それには、さまざまな理由が考えられるでしょうが、何より働いている本人が満足していないことがいちばん大きいと思います。

自分が満足できていないのに「お客様に満足を提供しなさい」と言われてできるでしょうか？　私はできないと思います。

誰でも、お客様の満足度を高めることが大切なのは頭ではわかっていると思います。しかし、働いていて楽しくないとしたら、やりがいや感動を感じられないとしたら、そんな従業員がお客様の満足度を高めることができるでしょうか？

魔法でも使わないかぎり無理でしょう。ＣＳを高めるには、ＥＳと呼ばれる従業員満足度を高めることが必要なのです。

では、従業員は何があれば満足できるのでしょうか？　お金があればいいのでしょうか？　仕事がしやすければいいのでしょうか？　それらも影響するでしょうが、もっと決定的に影響するものがあります。

それは、仕事に対してどれくらい楽しさややりがいを感じているかです。

従業員満足度（ＥＳ）が高まると、顧客満足度（ＣＳ）は必ず高まります。しかも、お客様が喜ぶ姿はさらに従業員の満足度を高めてくれます。

それだけではありません。お客様にたくさん喜んでもらうほど、次のお客様が引き寄せられてきて契約が増えていきます。売り上げが伸びると、もちろん従業員の給料も増えていきます。

「皆生感動システム」のいちばんの素晴らしさは、そのような好循環を生み出してくれるところにあります。

感動レポート　家づくりのすべてのプロセスに感動を

深津茂男（㈱リアンコーポレーション・笑顔生産部）

二級建築士の資格を活かし、「よろこび住空間デザイナー」として住まいの設計業務や積算業務などに携わっています。家づくりは、お客様、当社スタッフ、パートナー企業の職人さん、その他の関係業者など、人と人の関係性の上で成り立っています。

そうした観点から、家づくりのすべてに関わる人が目的や価値観を共有し、同じ方向を向いて仕事をするよう心がけています。

住宅建材が進化し、施工技術が高度化した現在、大手ハウスメーカーを含めた各住宅会社の家を見比べてみても、大きな差は見受けられません。そんな時代の家づくりには、つくる側の熱い思いがどれくらい入っているかどうかで、仕事の質は違ってきますし、家の存在感も違ってきます。

かつて大手住宅メーカーに勤務していたときは、自分の「作品」として家づくりに携わっていましたが、今は１８０度転換して、家づくりのすべてのプロセスがお客様の喜びになることが、プロとしてのいちばんのこだわりです。

住宅業界がサービス業界を超える時代が来る

――「皆生感動システム」が全業界のスタンダードに

このようなお話をしますと、「ＣＳの肥大とＥＳの肥大、どちらを先にするべきでしょうか？」と聞かれることがあります。これは、「卵が先か、鶏が先か？」という質問と同じです。どちらが先でも後でもないのです。二つは連動しながら高められていきますし、それに比例するように売り上げも伸びていきます。

仮に営業テクニックだけで顧客満足度（ＣＳ）を高め、売り上げを伸ばすことができても、もし従業員満足度（ＥＳ）が低ければ、必ず売り上げは下がってきます。ＣＳとＥＳをともに肥大化させることこそ、持続的に売り上げを伸ばすために欠かせない原理原則なのです。

それはわかるが、住宅業界は何と言ってもしっかり家を建てて売ることが商売だから、まずは家の建築や手続き業務を着実に行なうことが大事だ。そのような考え方もあるでしょう。住宅業界の役割として、より安心で安全な家づくり、健康にいい家づ

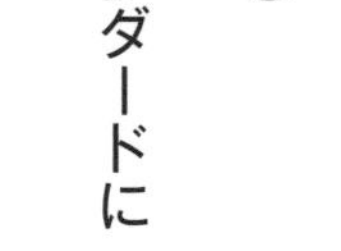

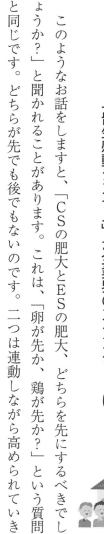

くり、小エネルギーで維持できる環境にやさしい家づくり、より頑丈で長持ちする家づくりを目指すことは当然だからです。

しかし、だからと言って、それだけに留まっていてはいけません。これからは、たとえ住宅業界であったとしても、サービス業界を超えるサービスを提供していく時代を迎えているのです。

東京オリンピックの招致を契機に、日本特有の〝おもてなし〟が注目されていますが、「皆生感動システム」はこの〝おもてなし〟を営業目的の最上位に置いて実践するビジネスシステムであるともいえます。

私たちの現場では、この「皆生感動システム」によってサービスの質が向上し、お客様、会社のスタッフ、職人さん、業者さんの間に感動の連鎖が起こり、CSとESが飛躍的に向上しています。しかも、その効果は、建築物の質の向上や売り上げアップという果実としても着実に実を結んでいます。

私たちが実践している「皆生感動システム」が、いずれは、あらゆる業界のビジネスシステムのスタンダードになると確信しています。「え、今どき感動DVDも作成してないの？」と言われることが当たり前になる日が必ず訪れると確信しています。

「皆生感動システム」でお客様と生涯向き合う会社づくり

――これこそ新時代のビジネススタイルの主流

野村総合研究所が発表している２０１４年のデータによれば、日本の人口はすでに減少局面に入り、世帯数も２０１９年をピークに減少に転じるといわれています。それに比例するように、住宅着工戸数は以下のように減少していくと推測されています。

２０１３年　98・７万戸
２０２０年　75・３万戸
２０２５年　62・３万戸

このデータを見るだけでも、住宅業界を取り巻く環境がますます厳しくなっていくことは一目瞭然です。会社としていかに売り上げを確保していけるか、心配する声もよく耳にします。

いったいどんな対策が有効なのでしょうか。方法はいろいろあるでしょうが、私は、ここまでお話ししてきたように「皆生感動システム」こそ、もっとも効果的な対策になると考えています。

当社では平成24年から新築事業を始めたばかりですから、新卒の採用を勧められても「うちは、まだそんな規模の会社ではありませんから……」と断っていました。しかし、このシステムを次代につなげていくために26年度から新卒の採用を始めました。

月に一回行なっている幹部合宿で、あるとき、お客様のほとんどは35年の住宅ローンを組みますが、35年後、俺たちは何歳になっている？　という話になりました。

私は今36歳ですが、35年後は71歳です。みんな同じぐらいの年代ですから、全員が70代から80代です。まだ仕事をやっているだろうか、そもそも生きているだろうか。そう考えたとき、お客様に向かって、いつまでもサポートしますと口先だけで言っている自分たちが情けなくなりました。

日ごろから、お客様の幸せを第一に考えよう、もっとおもてなしを強化しようと「皆生感動システム」を実践していても、お客様が支払いを終える35年後に会社が存続していなければ、おもてなし以前のことになってしまいます。

幹部社員の私たちが、たとえいなくなる日が来ても、その意志と魂を次の世代につなげ、しっかりと会社を継続していかなければならない。そうでないと、今目の前にいるお客様に申し訳ないと思ったのです。それをやらずに、お客様に「お任せくださ い。ご安心ください」と言って35年の住宅ローンを組んでいただくのは、詐欺的行為であるとさえ感じたのです。

「今の自分たちだけが良ければいいのだろうか」と幹部社員に問いかけると、もちろん全員の答えはNOでした。

お客様は人生でいちばん高い買い物といわれる住宅を、しかも多くの方は35年という長期ローンを組んで購入されます。その大きな決断を形にする機会を私たちに任せてくれます。

そんなお客様が幸せを実現するお手伝いをするために、「皆生感動システム」を実践し続ける会社を次世代につなげていくことも大事な仕事だと考えています。

次の章からは、いよいよ「皆生感動システム」の実態編として、「集客編」、「見学会編」、「クロージング編」、「着工式編」の4つのステップに分けてお話ししていきます。

3章

お客様は
集めすぎるな！

集客編

「4ステップチラシ」を使った集客術

——1回ごとに内容をステップアップ

新しく家が完成すると、お客様に引き渡す前に完成現場見学会場として2日間か3日間お借りすることにしています。その見学会場に集客するため行なっているのが「4ステップチラシ」といって1週間に1回ずつ4週にわたってチラシを撒《ま》く手法です。配布するエリアは、会場から約2キロ圏内です。

チラシの内容は、1週目、2週目、3週目、4週目と変えてステップアップさせていきます。この4つのステップでチラシを準備して撒くところが大切なポイントです。

たとえば、以下のようにテーマを変えています。

- **1週目**「住まいのデザイン性について」
- **2週目**「耐久性など住宅性能について」
- **3週目**「価格の安さについて」
- **4週目**「太陽光発電システムのメリットについて」

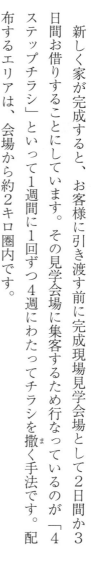

チラシの印刷はカラーでもモノクロ（白黒）でも構いませんが、現在はカラーで印刷しています。かつて一度だけモノクロでやりましたが、モノクロでもカラーでも印刷コストはそれほど変わらないことがわかり、それ以降はカラーにしています。

このチラシ配布にかかる費用は、印刷代とポスティング代込みで30万円前後です。ポスティングするエリアの世帯数によって枚数が変わる可能性はありますが、今はほぼ1万世帯を基準にして撒いています。

チラシを撒く対象は、集合住宅と戸建て住宅の両方です。戸建て住宅に撒いても効果が薄いという考えもあるでしょうが、そうとはかぎりません。既存の戸建て住宅でも「こんなチラシが入っていたよ」と、ご両親が息子さんや娘さんに渡すケースが考えられるからです。あるいは、離れて暮らす息子さん家族が両親の実家に遊びに来たときに「近くでこんなのやっているよ」と渡してくれるケースも考えられます。戸建て住宅でも、こうした波及効果が期待できるのです。

ただし、チラシの内容はあくまで集合住宅に住む人たちの気持ちに響くように制作しています。

チラシに対する反応は、1週目、2週目と3週目、4週目で比較しますと、1週目と2週目の反応は弱く、じんわりと予約が入ってくる感じです。正直に言いますと、「4ステップチラシ」を始めたとき、1週目と2週目の反応があまりに弱くて、「本当に大丈夫かな?」と心配になったことを今でもよく覚えています。しかし、3週目と4週目からは本格的に予約が入ってきました。

2キロ圏内にチラシを撒く理由
――今住んでいる所からあまり離れたくない

チラシは見学会場から約2キロ圏内に撒くとお話ししましたが、これにははっきりとした理由があります。

結論から言いますと、見学会場から突拍子もなく遠い所から来られるケースはほとんどないからです。たとえば、私たちが宇都宮市で完成現場見学会をやっていて、40キロ、50キロと離れた県内の足利市から来られるお客様はほとんどいません。20キロ離れた栃木市からでも来られることはほとんどありません。

なかには、インターネット上のPPC広告（Pay Per Clic広告、クリック課金型のインターネット広告）や当社のホームページ、雑誌の広告などをご覧になって遠方から訪れるお客様はいますが、そう多くはありません。

家を持つ場合、たいていは実家の近所や今住んでいるコミュニティーからあまり外れないところでと考える傾向があるからです。たいていは、できるだけ今住んでいる場所から遠くには離れたくないのです。

たとえば、現在アパートに住んでおられるとして、そこに住んでいるのは、何か理由や利点があるからです。たとえば、勤務先から近いとか、実家から近いとか。そうした理由から、新居を探す場合、20キロも30キロも離れた場所に住もうとは思いません。そもそも人間には「今の生活環境をあまり変えたくない」という心理があります。

当社は注文住宅を扱っていますが、建売住宅についてもきっと同じことが言えると思います。

このような理由から、完成現場見学会の約2キロ圏内にある1万世帯に向けて、4週にわたって週ごとに計4回チラシを撒きます。そのチラシを見たお客様は、おそらくこんなふうに反応されていると思います。

最初の1回目は、ほぼ反応しません。「ふ〜ん」と眺めて、そのままゴミ箱行きになる確率が高いでしょう。続く2回目は、チラシとの接触頻度が2倍になりますから、1回目に無視した人でも、また入っていると思って今度は手に取るかもしれません。とくに1回目で「おやっ!」と関心を持った人は、今度はもうちょっとじっくり中身を確かめると思います。

3回目のチラシが入ると、チラシとの接触頻度は3倍になりますから、1回目、2回目とスルーして見なかった人でも、さすがに目に留めて「あ、これいいかも!」となる可能性が出てきます。

1回目も2回目も関心を持って見ていた人は、ますます気になり始めるでしょう。しかもチラシの内容は週ごとに違ったテーマになっていますから、より強く関心を惹《ひ》きつけられると思います。

見学会場は、チラシを撒いたところから遠くて2キロですから、歩いても行ける「ご近所」です。たとえば、奥さんが買い物ついでに現場に足を運んだり、見学会場になる予定の家の建築現場の職人さんやスタッフの姿を目にしたりすることもあり得ます。

その効果を知りたくて、建築現場に「ご自由にお取りください」と書いた透明のポ

建築現場に置いてあるチラシ

ストを置き、その中に資料を入れておいてみました。すると、枚数はかなり減っていました。チラシを見た人は確実に現場を見に来ているのです。

４回目のチラシを撒くと、接触頻度は４倍になりますし、とくに１回目からチラシを見ている人の関心度はいよいよ高くなっていると思います。たとえば、１回目、２回目で「う～ん」と反応が鈍かった人でも、３回目、４回目になってくると「一度見に行こうかな」と心が動き始めます。これは「刷り込みの力」によるものです。

そこまでいかなくても、１回目はそのままゴミ箱行きだったのに、２回目はちゃぶ台やダイニングテーブルの上に置き、３回目、4回目には中身を読んで「近所で見学会をやっているのなら、ちょっと見に行ってみない？」などと家族で会話するかもしれません。実際に予約が増えてくるのも3回目と4回目のチラシを撒いたあとです。

ちなみに、ＰＰＣ広告のスタートは、チラシを刷り始めるのと同時期にしています。たとえば「新築　宇都宮」といったビッグワードを入力してパソコンで検索すると、広告画面がパッと出てきます。20キロとか遠く離れた所からやって来るお客様は、こうしたＰＰＣ広告を見ていることが多いようです。

その割合は多くて全体の2割ぐらいですが、たとえ1人か2人であっても集客につながれば効果は大きいと思います。ＰＰＣ広告の料金は約5万円なので、2～3件の予約が入ってくれれば1件あたり2万円程度です。1件で2万円は費用がかかりすぎるという商品もあるでしょうが、私たちが売っているのは家ですから、5万円で1件の集客でも十分です。それが、私たちの場合は5万円の予算で2件から3件の集客ができています。

しかも、完全予約制の見学会にしているので、たとえＰＰＣ広告を見て来られた方でも、確実に契約に結びついています。

大事なのは人を集めすぎないこと

――完全予約制1本にする

完成現場見学会の集客で大事なのは、人を集めすぎないことです。

当初は私たちも「集客は多いほど契約数が増える」と考えました。しかし、結果は芳しくありませんでした。予約客が多すぎると、個々のお客様に関する情報が不足しやすく、どんなふうに話すのがいいのか、はっきりしなくなるからです。

身をもってそのことを体験し、方針を転換して1日10組限定の完全予約制にしました。これによって、時間配分がしっかりできるようになり、個々のお客様の情報も事前にしっかり把握できるようになりました。集客コストも安くなり、少ない予算で、優良なお客様を集められるようになったのです。

そうはいっても、10組にまで限定してしまい、もし契約まで至らなかったら、かえって売り上げが下がってしまうのではないか。そう心配されるかもしれませんが、実際には平均して約5割、契約できています。私たちが組んだ完全予約制には「決まるシステム」が組み込まれているからです。

ちなみに、チラシを見たお客様のフリー来店と完全予約制の両方をやってみたこともあります。結果は、フリー来店のお客様のほうが圧倒的に多くなりました。こうなると、一人のスタッフがお客様と話している間に別のお客様がどんどん入ってきてしまいます。これでは、すでにお話ししているお客様は気が散ってしまいますし、スタッフもお客様に集中できません。どのお客様にどれくらい力を入れて対応したらよいかもわかりません。

結局、フリー来店のお客様で契約まで至ったのは1組だけでした。それも1年後に家づくりを始めるということだったので、すぐ作業を始める契約者は残念ながらゼロでした。

こうしたフリー来場形式で見学会を行なっている住宅販売会社は今も多く、「いや〜、いっぱい来たね〜!」と満足してしまう傾向が少なからずあります。結果は前から予想していましたが、私たちも一度はやってみないと本当のことがわからないと思って試した後、完全予約制一本にしました。

今は、見学会場を2日間借りる場合は1日に最高5組、2日間で10組集めることにしています。２部屋に分けてやれば1日10組入れることも可能ですが、「皆生感動システム」の観点からすると、１組２時間として1日5組、２日で10組が適当です。

その10組は「４ステップチラシ」を撒くことで集客できています。１万枚のチラシを撒いて10組ですから、反応率は０・１％です。しかし、実際にはインターネットなどからの集客が２組前後ありますから、チラシでの集客は８組です。

さらに、前回の見学会に来られたお客様がずれて入ってくるケースもあります。それが平均２組ほどありますから、チラシによる新規の集客は6組で、インターネットによる集客が２組、前回からの追客が２組で、合わせて10組となっています。

「FUN　FUNクラブ（会員登録）」に入ってもらう
――ネット上でプランニングや積算ができる

チラシを見て関心を持たれたお客様は、インターネット上で完成現場見学会の予約ができます。当社のホームページには「４ステップチラシ」には掲載されていない、も

っと詳細な情報が掲載されています。そこで、見学会前に建物に関する情報、価格に関する情報をチェックできるよう、できるだけ〝見える化〟する工夫をしています。

そのうえで関心があれば、完成現場見学会のフォームに入り「予約」のボタンをクリックして、訪れる日にちや時間帯を選ぶことができます。同時に、自分の個人情報を入力すれば予約は完了です。

さらに、当社が採用しているゼロキューブで「FUN FUNクラブ」に会員登録すると、ネット上でさまざまなプランニングや積算ができる仕組みになっています。もちろん、完成現場見学会の予約をしたにもかかわらず、会員登録をしない方もいます。この場合は、当社から「FUN FUNクラブへ入ってください」とアナウンスする資料を郵送し、そのうえでメールや電話のアプローチもしています。

登録すれば、ネット上でアクセスし、たとえば夫婦ふたりで「床は無垢材《むくざい》がいい」「壁は塗り壁にしよう」「このオプションはいい」といったふうに、見学会で現場を見る前に建物の検討をすることもできます。

そうして金額を検討し、ある程度家のイメージをつくったうえで完成現場見学会に来ていただくことが大切なポイントです。

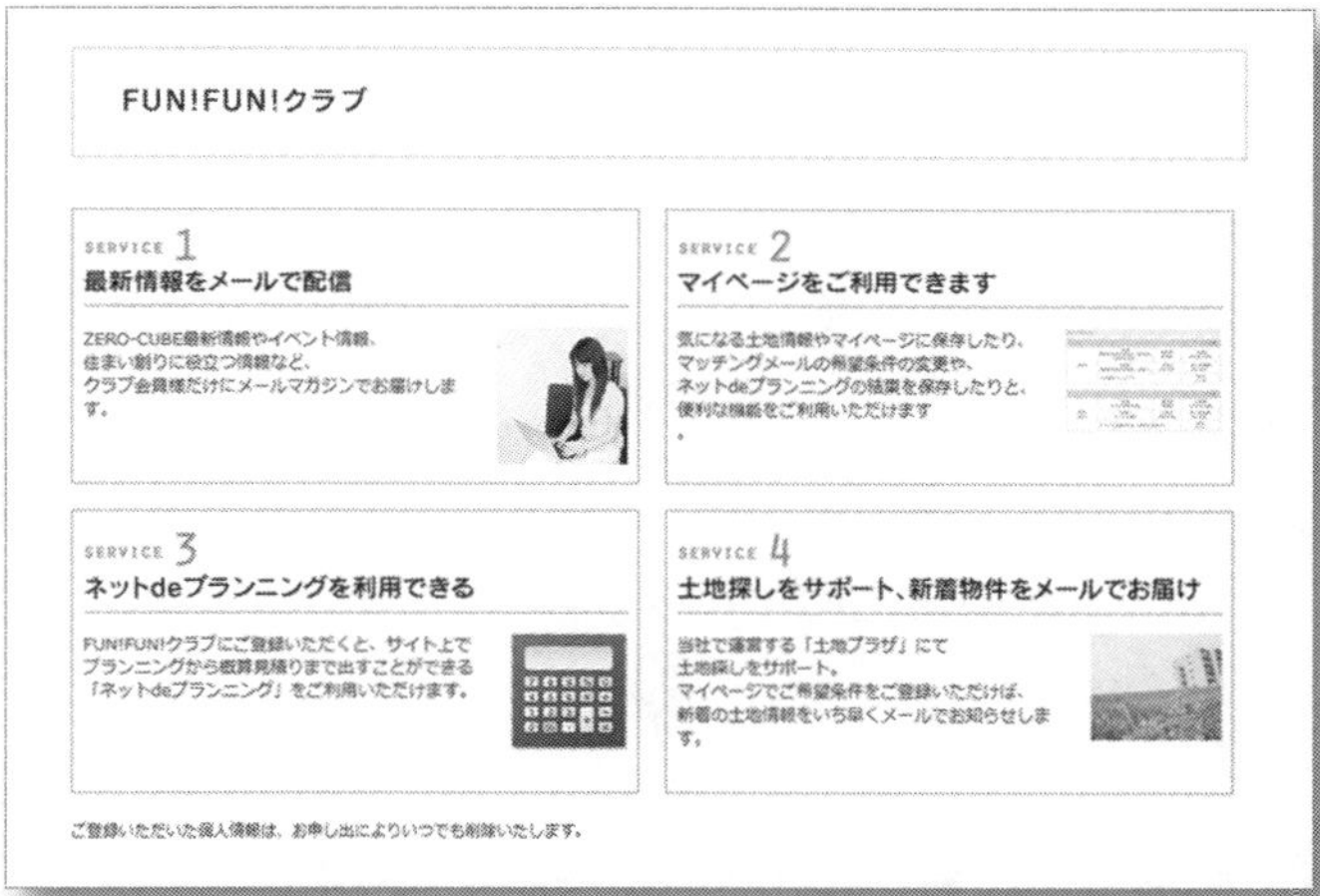

「FUN FUN クラブ」に入るとさまざまな情報が〝見える〟

「ネット de プランニング」で資金シミュレーションが可能

感動レポート

価格がオープンだったのも決め手の一つ

谷部吉生さん（33歳）・知華さん（33歳）

30歳を過ぎて第二子が生まれたことを節目に「そろそろマイホームを」と考えるようになりました。家を建てるならシンプルでモダンなデザインと決めていて、インターネットで検索しているうちにゼロキューブのホームページに辿り着き、一目惚れ。完成見学会に足を運んで実物をじっくり見てから決めました。

買うことにした最大の決め手はスタッフのみなさんに好印象をもったことと、住宅購入前のさまざまな不安に親身になって答えてくれたことですが、本体価格やオプション価格が明確だったことも決め手の一つです。

感心したのは諸経費の内訳まで詳しく提示されていたこと。他の住宅会社では一般的に諸経費と示されているのみで何の費用なのかわかりません。家を買う側にしてみればグレーゾーンですが、そんな疑問や不安にも答えてくれたのでありがたく、一挙に信頼感が湧きました。当初は太陽光発電は必要ないと思っていましたが、設計変更して屋根に載せました。多い月の売電価格は月額6万円を超えています。

ネット活用で来店前の不安を解消

――ツールを使って1週間に1回の接点を持つ

住まいを検討中のお客様は、実際にかかる費用について聞きにくかったり、不安を感じていたりすることが多いと思います。たとえば、「これを増やすといくらになりますか？」とは怖くてなかなか聞きづらいものです。そのため、お客様は身構えてしまい、なかなか見学会には足を運ぼうとはされません。

ですから、こうしたお客様の心配や不安をどれだけ取り除くことができるかが大切なポイントです。それは、見学会の予約をされたお客様にも当てはまります。

そのために役立っているのが、先ほどお話しした「ＦＵＮ　ＦＵＮクラブ」です。登録すると、見学会に来られるまでに、かなりの情報が得られるため、その分お客様にかかるストレスが少なくなります。

ゼロキューブの住宅は、ムダをそぎ落としたデザイン住宅としてグッドデザイン賞を受賞しています。しかも求めやすい価格帯でズバリ表示されています。それによっ

て、金銭的な不安をかなり軽減できていると思います。

ただし、なかにはこんな価格で本当に大丈夫なのかと不安になる方もいますから、その点は十分に気をつけています。

予約日までのフォローも大切にしています。1週間、2週間、3週間と間が空くと、お客様の関心はどうしても低下してしまいます。それをフォローするには、スタッフがお客様宅にお伺いするのがいちばんでしょうが、お客様としては早々に来られるのには抵抗があるでしょう。

そこで、予約をしていただいたお客様には、その後さまざまなツール（印刷物）を郵送しています。たとえば、ゼロキューブの雑誌掲載記事や、他のお客様が建てた施工事例の現場写真（施工ブック）などです。

とくに施工ブックには、家が出来上がるまでの過程が「住まいの物語」として載っています。それを見てから完成現場見学会に来られると、家に対する思いが強くなります。

そのように、さまざまなツールを工夫して1週間に1回のペースで接点を持つようにしています。

施工ブックの中身

家が出来上がるまでの過程がわかる「住まいの物語」

感動レポート

使い勝手を考慮した設計デザインも魅力

亀田利光（有限会社亀田建築・代表取締役）

出来上がった基礎の上に柱を立て、屋根・壁・床を施工し、断熱材や窓を付けるなど、いわゆる「大工工事」と呼ばれる仕事を請け負って28年になります。

何もないまっさらな土地に、さまざまな職人たちがそれぞれの技術を注ぎ込み、一つの家が着々と仕上がっていく過程を見るたびに、この仕事のやりがいを感じます。また、作業が進むにつれ、現場を訪れるお客様が笑顔になっていく姿を目にすると大きな喜びを感じます。家は単なる「物」ではないことを実感する瞬間です。

ゼロキューブの家は、当社がこれまで携わってきた木造在来の仕事とはジャンルが違いますが、お客様の視点で見れば、家族4人が暮らすのにちょうどいいサイズで、使い勝手を考慮した設計デザインも魅力です。お求めやすい価格帯の住まいですが、断熱もしっかりしているので寒い冬でも暖かく過ごせます。

余談ですが、家づくりに携わる職人として、どんなに遠い場所でも朝8時には現場に到着し、すぐに仕事を始めることにこだわっています。

お客様の来場時のストレスを取り除く工夫
――現地の地図、丁寧な招待状、心のこもったお出迎え

お客様がホームページ上で完成現場見学会の予約ボタンをクリックすると、会社には「A様から予約が入った」というメールがすぐ自動的に送られてくるようになっています。

その瞬間から、お客様に予約時間確認のための招待状と、お客様の家から見学会までの案内図などを送る準備を始めます。朝だったらその日のうちに送るようにし、夜だったら翌日の朝には送るようにします。いかに迅速に送るかがポイントです。

案内図は、大きい地図、中くらいの地図、そしてゼンリンの住宅地図の3種類を準備します。地図上には「こんな道順で来てください」とルートを書き込んでおきます。

多分、ここまで細かく提示する住宅会社はどこにもないと思います。

その他に、ゼロキューブのパンフレットや雑誌に載っている自社広告、地域情報誌『クルール』などに載った紹介記事なども忘れずに同封します。まだ「FUN　FUN

クラブ」に登録していないお客様のことも考えて、登録を勧める冊子も一緒に入れます。

地図を送らなくてもカーナビがあれば見学会の会場に来られそうですが、実際には現地付近まで来たあと迷うことが多いと思います。とくに住宅街の一角にある1軒を見つけるのは、大きなビルなどを探すのと違ってカーナビでもけっこう苦労なものです。

何より、なかなか見つからず道に迷っているとストレスが溜まります。ようやく見つかって見学会場に来ても、イライラした気持ちのまま営業マンの話を聞くとしたら、どうでしょうか。ゆったりとした気持ちで話を聞けなくなるでしょう。

こうした事態を回避するために、当社では誰が見てもわかる案内図を事前に送ることにしています。「こう来てください、そのほうが早いですよ」、「それでも迷ったら、この番号に電話をください」とあらゆる状況を想定して、できるかぎりストレスを感じずにスムーズに来ていただくように工夫しています。

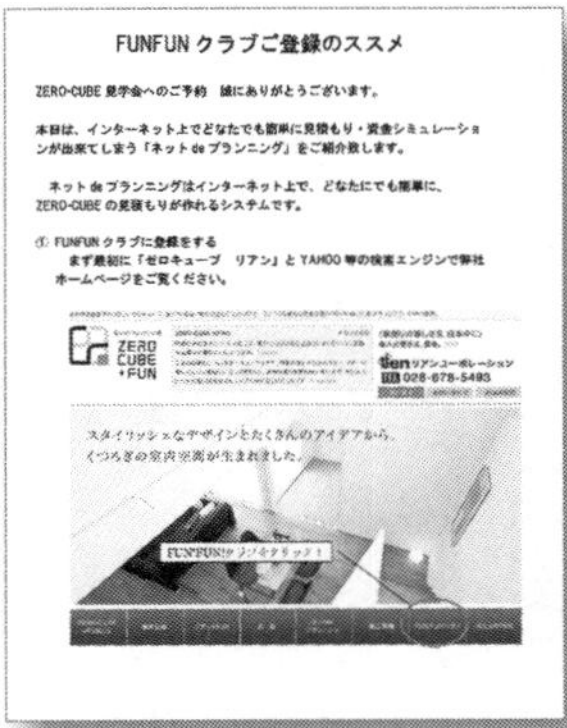
FUNFUNクラブご登録のススメ

ZERO-CUBE見学会へのご予約　誠にありがとうございます。

本日は、インターネット上でどなたでも簡単に見積もり・資金シミュレーションが出来てしまう「ネットdeプランニング」をご紹介致します。

ネットdeプランニングはインターネット上で、どなたにでも簡単に、ZERO-CUBEの見積もりが作れるシステムです。

① FUNFUNクラブに登録をする
まず最初に「ゼロキューブ　リアン」とYAHOO等の検索エンジンで弊社ホームページをご覧ください。

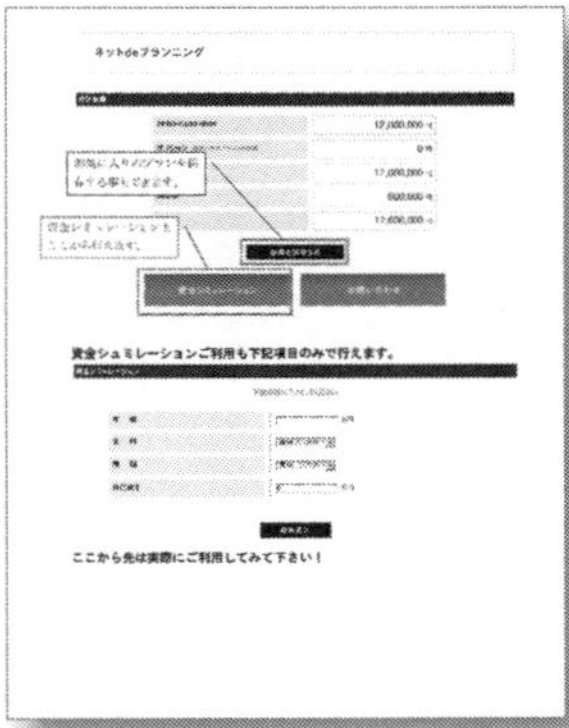
ネットdeプランニング

17,000,000
17,000,000
17,600,000

資金シュミレーションご利用も下記項目のみで行えます。

ここから先は実際にご利用してみて下さい！

「ＦＵＮ　ＦＵＮクラブ」ご登録のススメ

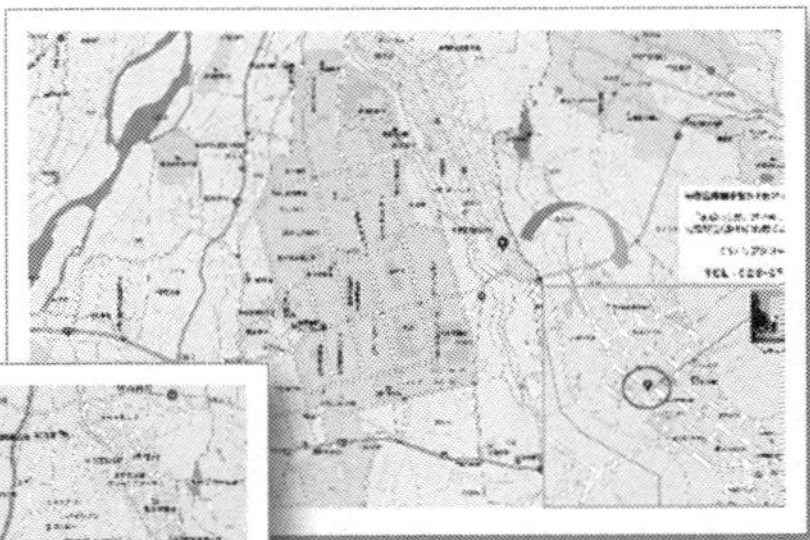

大きい地図

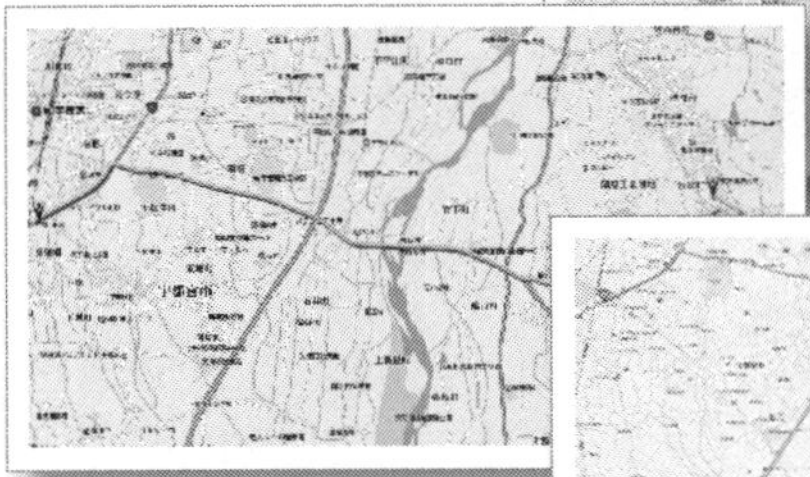

中くらいの地図

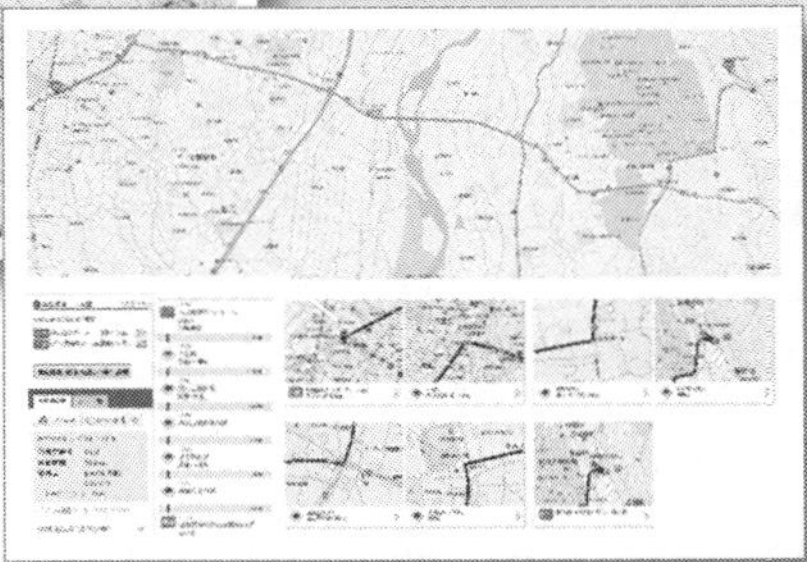

道順パターン別の地図

スムーズに来ていた
だくための一工夫

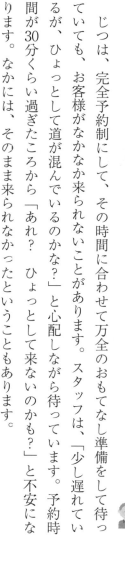

結婚式の招待状と同じクオリティーで招待状を送る

――手厚くフォローしてから出会う

じつは、完全予約制にして、その時間に合わせて万全のおもてなし準備をして待っていても、お客様がなかなか来られないことがあります。スタッフは、「少し遅れているが、ひょっとして道が混んでいるのかな？」と心配しながら待っています。予約時間が30分くらい過ぎたころから「あれ？　ひょっとして来ないのかも？」と不安になります。なかには、そのまま来られなかったということもあります。

それを回避するには、前日に確認の電話を入れたほうがいいでしょうが、見学会ではじめて私たちと会うお客様は、煩わしく思われるかもしれません。前日に確認のメールぐらいはできるでしょうが、返答がなければ当日、来られるのを待つだけになります。

そこで私たちが始めたのが、結婚式の招待状くらいクオリティーが高い招待状を送ることです。そこには「○月○日、ＡＭ10時～ＰＭ12時、○○ご家族様」という文言

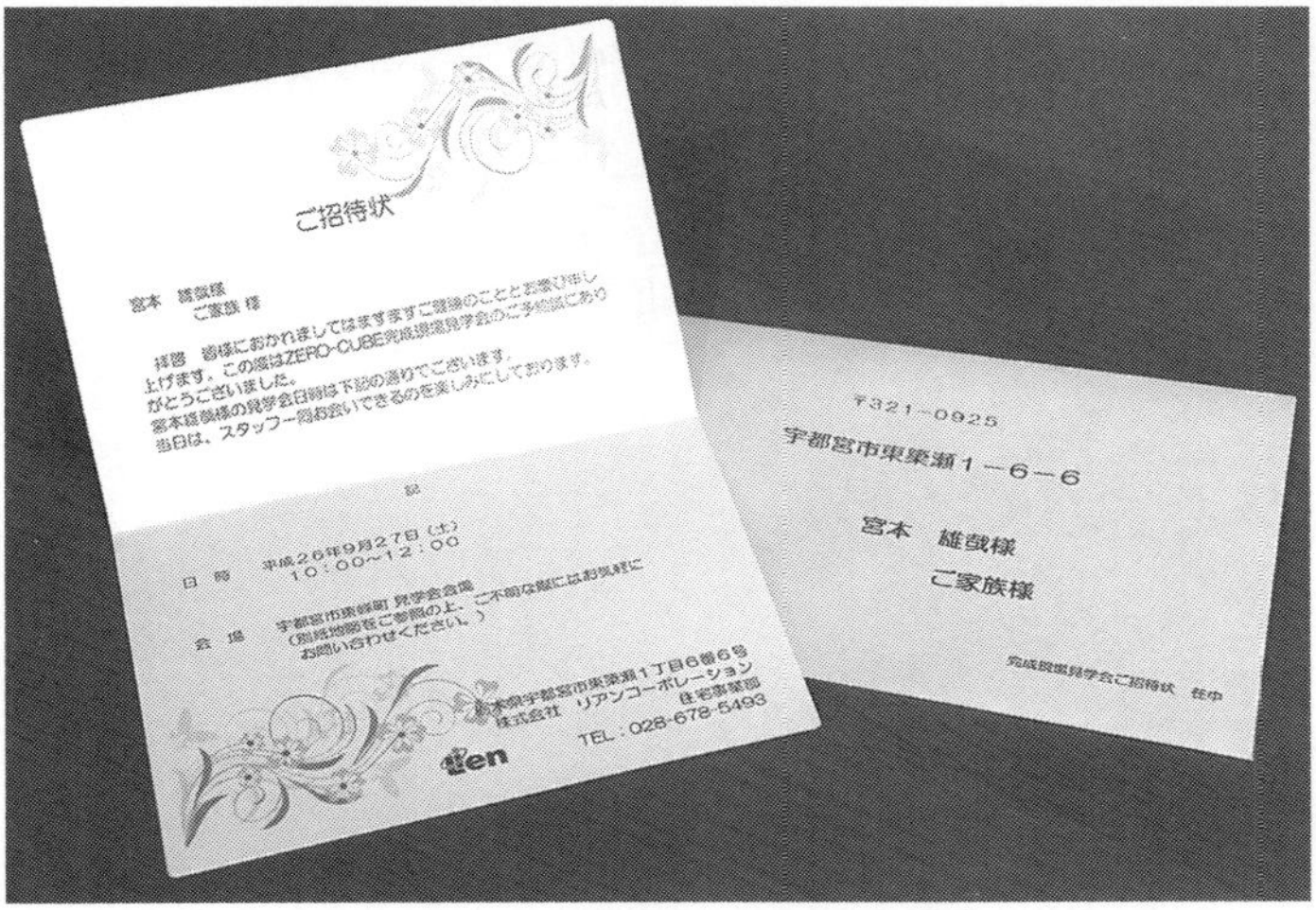

クオリティーの高い招待状を送る

が、品のあるデザインとともに丁寧に書かれています。

　そんな招待状が届いたら、お客様はどう感じるでしょうか？　おそらく、どうしても当日の都合が悪くなったら、お客様から電話で知らせてくださるだろうと思います。

　もし、それでも連絡がないとしたら、自分たちのお客様ではないのかもしれません。そんなとき、私はスタッフにこう話しています。

「ここまで丁寧にやったのだからしょうがない、このお客様については忘れよう。私たちとしては、やれることはすべてやったのだから」

　つまり、ここまで丁寧にやったのだから

と、あきらめがつくのです。

実際は、予約日までに週1回の接触を保ち、徹底した詳しい地図や丁寧な招待状を郵送するようになってからは、お客様が来られない場合は必ず事前に電話をもらえるようになりました。

これだけ丁寧に、かつ、手厚くフォローしたお客様が、完成現場見学会に来られるときの気持ちはこうです。

「招待状はしっかりしているし、ネットでもいっぱい見たし、安心そうだし、良さそうだし、定期的にいろいろな資料や情報誌も送ってくれたし、迷わずに来られたし……」

こうしてお客様の気持ちを高めてから会うことに大きな意味があります。

私たちスタッフにもメリットがあります。完成現場見学会でお出迎えする際、お客様が何時何分に来られるのかが事前にわかっているので、その時間帯に合わせて5〜10分前から、おもてなしの体制を整えて待つことができます。余裕があれば、ノートパソコンなどで仕事ができるといった利点もあります。

フリー来場形式の見学会の場合は、いつお客様が来られるかわからないので、寒い

おもてなしの体制を整えて待つ

仕事をしながら待つ余裕も

時期ですと外でブルブル震えながら待つことになります。これではスタッフのストレスが溜まり、お客様への対応にも影響します。

じつは、これは意外に大きなことだと思います。他社の見学会では未だにずっと外で待っている姿を目にすることがありますが、「大変そうだし、効率が悪いだろうな」と感じてしまいます。

この章で、もっともお伝えしたかったことは、完全予約制にしてお客様を集めすぎないこと、そして事前にホームページ上で会員登録をしてもらい、プランニングや積算、間取りとオプションなどの検討を自由に行なってもらうことです。それによって、完成現場見学会に来場される前に、お客様の不安をできるだけ取り除いておくことができるからです。

さらに、予約日に確実に来ていただくためのフォローも徹底しておいてお客様を迎えると、完全予約制のレストランと同じような対応ができます。個々のお客様に集中できるため、より質の高いおもてなしが可能なのです。

4章
勝負は出会う前に決まっている
見学会編

当日はお客様の基本情報をしっかり記入していただく
――Eメールアドレスの記入は必須

　すでにネット上で記入は終わっていますが、完成現場見学会の当日、もう一度お客様の住所、年齢、電話番号、Eメールアドレスなどを記入していただきます。それが終わらないと、室内には入れません。
　それは、出来上がったばかりの大切な新居（財産）をお客様からお借りして見学会場にしているからです。ですから、はっきりしないお客様に入ってもらうことに抵抗がありますし、私自身が建築主なら絶対に嫌です。
　とくにEメールアドレスは、今後のやりとりの要になるので必ず書いてもらっています。これが曖昧だと、肝心の「追客」もできなくなります。電話番号があれば大丈夫と思われるかもしれませんが、実際に電話をかけても電話口に出てくれないことが多いのです。たとえ電話口に出てくださっても、電話のやりとりだとイライラされることが多く、スムーズにコミュニケーションが進まず、話が流れてしまうこともあります。一方Eメールですと、それほどお客様に負担をかけずにやりとりができますから、「Eメールアドレスの記入は必須」なのです。

ほとんどの場合、見学会に来られる前にEメールでやりとりをしていますからアドレスは把握していますが、稀に電話で予約を入れたお客様がいたり、奥様のアドレスで申し込んで来たり、逆にご主人のアドレスで申し込んで来たりすることもあります。

～ お客様アンケート ～
平成　年　月　日
◇ご記入いただいてからのご入場とさせていただきます◇
担当：
※　内は必須事項です。
必ずご記入くださいますようお願い致します。
本物件をお知りになったきっかけ　□HP　□チラシ　□雑誌（　）　□かわら版（Lienユーザー様）　□DM

※お名前	（フリガナ）	※年齢	歳
※ご住所	〒		
※ご連絡先	携帯電話		
※アドレス			
物件種別	□土地＋新築　□中古戸建て　□中古マンション　□土地のみ(事業用等)		
今までに不動産業者さんを訪れた事はありますか？	有（　件）・無		
※どのような物件のご紹介を受けられたかを確認して、良かった所、悪かった所を確認致します。			
現在の住まい不満・問題点			
希望時期	□平成　年　月　□1～2年　□決まっていない	理由	
希望エリア		希望面積	㎡（　坪）～　㎡（　坪）
理由		理由	
※地図を見ながら地域を確認			
予算（土地）	万円　～　万円	現在の住宅費	□賃貸（家賃　万円／月）
予算（建物）	万円　～　万円		□持家（住宅ローン　万円／月）
FPによる資金計画の有無		□有（　年　月頃）	□無
その他のご条件			
パンフレット	□ZERO-CUBE　□回　□その他（　）		

お客様とのつながりを密にするためのアンケート

そうした混乱を整理するためにも、改めて連絡用のEメールアドレスをしっかり記入してもらいます。

そこには「今後、あなた様と連絡を取るには、このアドレスでよろしいですね」といった確認の意味が込められています。

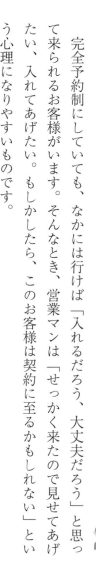

いつでもOKでは見学会の価値が下がる

――フリー客に対しては断る勇気も必要

完全予約制にしていても、なかには行けば「入れるだろう、大丈夫だろう」と思って来られるお客様がいます。そんなとき、営業マンは「せっかく来たので見せてあげたい、入れてあげたい。もしかしたら、このお客様は契約に至るかもしれない」という心理になりやすいものです。

しかし、それが許されるのは他にお客様がいないときだけです。他のお客様の接客中や、それが終わっていてもまだお客様がいる状態だと、逆効果になってしまいます。「自分で自分の首を絞める」ことになってしまうのです。

たとえば、完全予約制のレストランに予約して訪れたお客様を想像してみてください。お店のスタッフが、「おう、ちょっといいかい」と言って入ってきた通りすがりのお客様をすんなり受け入れてしまうと、予約して来店しているお客様は「なんだ、予約なしでも入れるんだ」と感じます。それでは、特別感やありがたみがなくなりますし、もし1カ月も前から予約して来店しているお客様がいれば、いい気持ちはしないでしょう。

お客様を一人でも増やしたいと目先の儲けにとらわれると、自ら店の敷居を低くしてしまい、かえってそれまで積み上げてきた信用を台無しにしてしまうのです。これを防ぐには、予約なしのお客様はしっかり丁重に断る勇気が必要です。その際、理由をしっかりと伝えることを忘れないでください。たとえば、こうです。

「当社では、早い方ですと1カ月も前から予約を取っていただき、2時間の時間枠を設定して来場していただいています。そんなお客様を優先させていただいています」と自分たちの考え方をきちんと説明します。そして、空いている時間帯があれば、それを伝えます。もし予約が全部埋まっていたら、次回の見学会の予定を案内します。「この中で予約を取ってください。今ここでも予約ができます」とお話しして、お引き取り願います。

ここで大切なのは、予約なしだとなぜダメなのかをしっかりと説明して断ることです。これを徹底したほうが良いと思います。何度も見学会を続けていると、ついつい魔が差して「ああいいですよ、どうぞ、どうぞ」となりやすいからです。それでは、自ら見学会の価値を下げてしまうことになります。

しかも、見学会はお客様の新居を2日間限定でお借りして行なっているので、常設のモデルハウスのようにいつでも見られるわけではありません。ですから、私たちは特別な日に見ていただいているという考え方をしっかり持って見学会に臨んでいます。

とことん家を大切に扱う会社だと伝える
——白手袋やスリッパの代わりに靴下を用意

完成現場見学会当日は、とことん家を大切に扱う会社であることを伝えるようにしています。
たとえば、大人用と子ども用の白手袋を用意しておき、実際に着用してもらっています。また、スリッパではなく、靴下を履いて見学してもらっています。もちろん、すべて新品です。
なぜスリッパがダメかといいますと、どうしても引きずって歩くため、砂や小さな

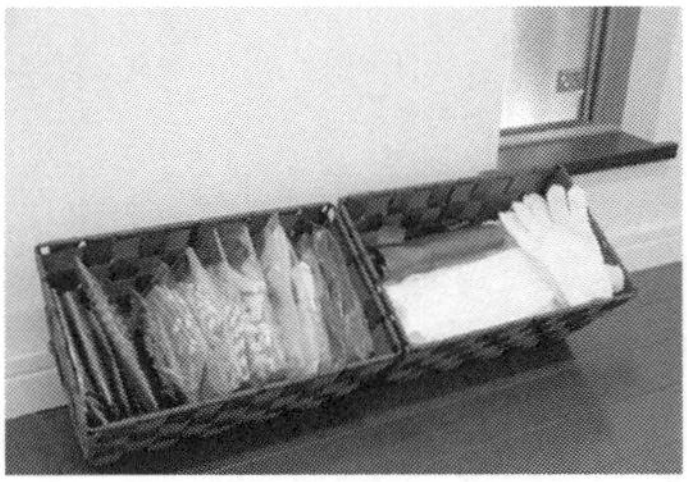

靴下と手袋を用意

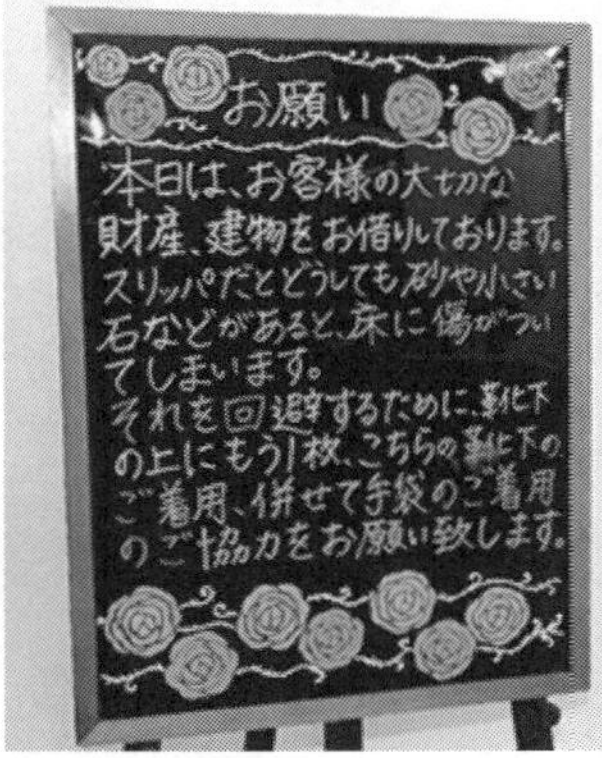

家を大切にしていると伝える

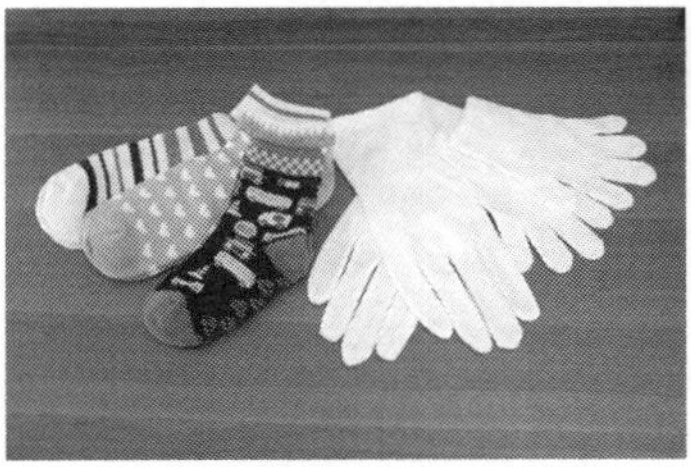

改良した子ども用靴下

石などがあると、目には見えなくても床に無数の傷がついてしまうからです。それを回避するために、すでに履いている靴下の上にもう一枚、こちらで用意した靴下を履いてもらいます。

　これも、お客様の大切な財産である建物を見学会場としてお借りしていることへの配慮ですが、完成現場見学会に来るお客様に「この会社は、ここまで家を大切に扱ってくれるんだ」と伝えたいからでもあります。

　後で詳しくお話ししますが、子ども用の靴下だけは、現場での実体験をもとに改良を加えたものを使っています。

徹底した接客を心がける

――ウェルカムボード、ネームスタンド、ドリンクメニューなど

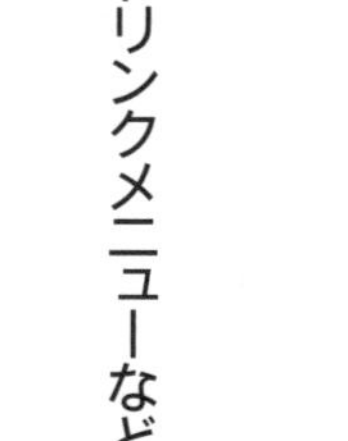

見学会では徹底した接客を心がけています。すでに取り組んでいる会社もあるかもしれませんが、一通りお話しします。

一つはウェルカムボードです。「〇〇様お待ちしておりました。今日は限られた時間ですが、〇〇様のご家族専用の見学会になっております。ごゆっくりご見学をしてください」と書いて玄関に設置しておきます。

お客様が建物の中に入り着座すると、そこには名前入りのネームスタンドと、ご家族専用のドリンクメニュー表が置いてあります。見学会場であってもドリンクのラインナップはできるだけ多くしていますし、グラスや器もこだわりのあるものを使っています。

たとえば全国的に有名な栃木県の益子焼を使っていますが、「特別に準備させていただいた器です」と説明書きを付けています。そのほかに冷たいドリンクの場合は琉球

ガラス製のグラスも用意しています。そうして、たとえ見学会場であっても「おいしく召し上がってください」という気持ちが伝わるようにしています。

見学会場でそこまでやる必要はないのでは、と思われるかもしれませんが、徹底してやるからこそ「私たちを大切にしてくれている」と感じてもらえますし、それこそが他社との差別化になると考えています。

ウェルカムボード

ドリンクメニューとネームスタンド

グラスや器にもこだわる

見学は確認作業だけ、残りの時間をたっぷり使える

――事前にネット上で建物や金銭面の情報は伝わっている

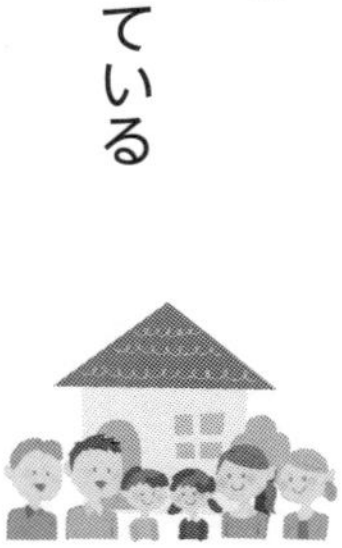

完成現場見学会でお客様が家を見る時間は長くて15分ほどで、短いと5分ほどで済みます。1組で2時間枠を取っていますが、これだけわずかな時間で見学そのものが終わるのは、事前にインターネット上で物件情報をしっかり見てもらっているからです。

それだけではありません。金銭面でもインターネット上で積算をしてもらっていますから、見学会に来られたときは、すでに自分たちの予算が頭の中に出来上がっています。その予算内で好きな間取りの検討もしてきているので、当社のスタッフに「これ、いくらですか？」と聞く必要はありません。すでに自分たちで把握しているわけです。だから話が早いのです。

そうした準備がないお客様は、間取りを考えたり、予算を考えたりしながら見ることになりますし、スタッフとのやり取りにもけっこう時間がかかります。たとえば、2

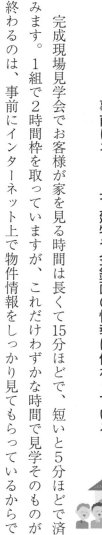

階にトイレを付けたらどうなりますか、外壁を変えたらどうなりますかといった具合に、造作を変えたりオプションを増やしたりしたときの予算について説明するだけでも時間がかかります。

ところが、インターネット上で、すでにそうした検討を終えて見学会に来られると、会場では「これなら、やっぱり大丈夫だね」「この値段で、本当にこの家が買えるんですね」と確認するだけでいいのです。

コラム　お客様の家を見学会場として借りるメリット

平均すると、完成現場見学会では10組のうち5組の契約は成立しますが、残りの5組との関係は完全に切れるわけではありませんし、他社に決まっているわけでもありません。

見学会を何度も開催していますと、「もう1回見てみたい。違うバージョンを見てみたい」というお客様が出てきます。しばらく考えてからということですが、その後、再び見学会に来られる方もけっこういます。

ですから、見学会1回当たりでは5割ぐらいが契約になりますが、そこには2回目とか3回目のお客様も含まれています。そこで見学会に来られたお客様の契約率で見ますと、7~8割の方は契約にたどり着いています。そのいちばんの理由は、見学会に来られるお客様と私たちがしっかりつながっているからだと思います。

それは、お客様の財産を借りて見学会をやっていることにもよります。

完成したお客様の家を引き渡す前に2日とか3日、完成現場見学の会場としてお借りするので、見学していただくお客様は、私たちとしっかり情報を共有できる方に限られてきます。

そのことが、結果として新規のお客様と確かなつながりをつくることに役立っているのだと思います。

子ども連れでも安心して来店しやすい工夫

――保育士を置くことで話に集中できる

はじめて完成現場見学会を行なったとき、お子さん連れのお客様の対応でてんてこ舞いしたことがあります。見学の途中、お子さんがわんわん泣き始めてしまい、お母さんが打ち合わせに集中できません。結局、何も話は進みませんでした。

たしかに、せっかく入念な準備をして見学会に来られても、お子さんが会場で泣いてしまうと、お客様の耳は塞がってしまいますし、こちらの話もあまり聞けなくなってしまいます。

そんなことがあって、しっかりお子さんに対応することも必要だと考えていたところ、事務員の募集でたまたま保育士の方から応募がありました。保育士だからといっても、子どもの面倒を見るだけでなく、普段は事務の仕事もしますが、見学会ではお子さんを預かることに専念します。

これは普通の事務員さんだとむずかしいと思います。「うちの事務員です。安心してお子さんをお任せください」と言っても、お客様は不安だからです。ところが「保育士です」と伝えると、安心して任せてくださいます。

会場でお子さんを預かる部屋は、打ち合わせ室の近くではなく、できれば2階の子ども部屋にプレイルームをつくるようにしています。そこで約2時間、ＤＶＤでアンパンマンなどを見たり、お絵描きをしたりして遊んでもらっています。

大人が子どもと2時間たっぷり遊ぶのはけっこう疲れることだと思いますが、保育士がそれを徹底的にやります。そうしてお子さんが満足していると、ご夫婦は集中して話ができます。

ただし、保育士の資格を持っている人なら誰でもいいかというと、マンパワー的な部分が意外に大きいかもしれません。弊社の保育士である山久保さんのスキルは相当高いと思います。

とにかく、彼女のがんばりにはかなり助けられています。「うちの子どもがリアンコーポレーションのショールームに行きたいって言うんです。だから、本当に気兼ねなく来ちゃった」と言ってくださったお客様もいます。

憶測ですが、他の会場にはキッズルームはあっても担当者はいないので「自由に遊んでね」という状態だと思います。子どもたちがあまり騒がしくなると、その都度、事務員さんが来て、ちょっとだけ一緒に遊び、大人しくなったらスーッと出て行きます。また騒がしくなると、事務員さんが来てちょっとだけ相手をするといった感じです。

これでは、ご夫婦は会場側に面倒をかけていると感じますから、子どもを連れて来にくくなると思います。

うまく子どもと遊んであげられるスキルを持った担当者がいれば、それでもいいと思いますが、やはり保育士という資格は、お客様に安心を与える力があります。「お子さんをお預かりするスペースがあります」と言うだけでなく、「保育士がしっかり面倒を見させていただくのでご安心ください」と言うと、ご夫婦の表情が一気にゆるみます。

「ああ、安心して子どもは手放せる。今日は集中して家の話が聞ける」と、気持ちにゆとりができるのだと思います。

打ち合わせが終わっても、お子さんが「まだ帰りたくない」と言ってくれると、正直「もらった」と手応えを感じます。

保育士の山久保さんは、子どもと接するとき、「○○ちゃん」と名前を呼んで接して

保育士の資格を持ったスタッフがお客様に〝安心〟を提供

います。そんなフレンドリーな感じが子どもに伝わるのでしょう、「山ちゃん先生にまた会いたい」と両親にせがむので、またショールームに来店してくれることもあります。そんなとき、子どもたちは山ちゃん先生のところに一目散に走っていきます。

一人で年間61棟の契約を取った営業スタッフに「もし、山久保さんがいなかったら契約は何棟でしたか？」と聞くと、「15棟です」という答えが返ってきました。45棟以上は保育士の山久保さんがいてこその契約だとも言えます。

感動レポート

保育士の資格を生かして笑顔のおもてなし

山久保友美（㈱リアンコーポレーション・笑顔生産部）

私は、笑顔のおもてなしをする、その名も「笑顔生産部」に所属して、お客様対応や新築物件の事務、広告作成業務に従事しています。

なかでもメインは、以前の職場で十数年キャリアを積んだ保育士の資格を生かしたお客様対応です。お客様がお子様連れで訪れたとき、打ち合わせの間お子様をお預かりし、キッズスペースなどでお世話をします。異業種の住宅業界で自分の得意分野を生かすことができ、やりがいを感じています。

接するときは、必ずお子様の目線に合わせ、名前を呼んでやさしく語りかけます。同時に、泣かせない、ケガをさせないなど細心の注意を払いながら接しています。

ご家族から〝山ちゃん先生〟と呼んでいただくこともあります。普段は忙しさで自分の立ち位置を見失いそうになりますが、その一言は私にとって「魔法の言葉」です。

家づくりに対しては、自分の家を建てる感覚でお客様と「思い」を共有し、一緒に「感動体験」ができるように心がけています。

信頼感や安心感を高めるためスタッフ自ら工夫

――社員が自ら考え行動することで会社は伸びる

あるお客様が完成現場見学会にお子さん連れで来られました。ところが、お子さんのテンションが上がりすぎて玄関で靴下を履いたときに滑って転んでしまい、アゴを打って少し切ってしまいました。ほんの一瞬の出来事でした。

見学会のムードは一気に凍りつきました。営業スタッフの一人がすぐに病院に電話をしてお連れし、医師に「早くしてください！」と訴えて迅速に処置をしてもらったので、大事には至りませんでした。

このときの営業スタッフの対応は恐ろしいほどパーフェクトでしたが、保育士の山久保さんは相当、責任を感じたようです。玄関を上がってわずか1秒ほどの出来事で予期せぬことでしたし、お客様も「逆に申し訳ありません」と言ってくれました。スタッフ一同「大事にならなくてよかった」と胸をなで下ろしたわけですが、後日、山久保さんから稟議書《りんぎしょ》が上がってきました。

その内容はこうです。「完成現場見学会で使う子ども用の靴下はゴム付きにしたい」。お客様の立場に立って本気で考えた結果、生まれたアイデアです。こうして、スタッフが自ら考え、行動することで会社は伸びていきます。

今は「4ステップチラシ」にも、PPCにも、広告にも、どんなオファーにも、メールにも「キッズルーム完備。保育士常駐」という文言を入れています。さらに保育士の顔写真を入れたり、公的な保育士の資格を持つ専門スタッフが常駐していると伝えたりしています。こうすることで、お客様のストレスや不安を取り除くことができますし、集客率を上げることにもつながっていると思います。

見学会のゴールを設定

――ライフプランのアポイントメントを取る

完成現場見学会では家の見学そのものは10分とか15分くらいで終わるので、その後は席についていただき、1時間半くらいゆっくりお話ができます。

新築事業を始めた当初は、インターネット上でかなり情報を吟味してから来られるので、そこそこは契約できるかなと思いました。しかし、家は高い買い物なので、見学会で契約できたケースはほんのわずかでした。やはり、はじめての見学会で即決することは、お客様にとってかなり無理があると実感しました。

そこで、見学会のあと最終ゴールまで二つのステップを設けることにしました。一つ目のステップではライフプランのヒアリングを行ないます。二つ目のステップではライフプランの結果の報告と正式の契約を行ないます。私たちにとってはクロージングの場となります。

ですから、ライフプランのヒアリングを行なう予約をしていただくことを、見学会の当面のゴールとすることにしました。

それには見学会に来られたお客様にライフプランの大切さをしっかり伝えなければなりません。とくにローンについて、しっかり認識してもらうことが大切になります。

とはいっても、「あなたに買えるのですか? ローン組めるのですか?」みたいな話は御法度です。「ローンのことがわからないまま先に進んでも、私たちの時間もかかりますし、あなたの時間もロスします。私たちもプロです。まず、あなたが本当に買えるのか、お金をどれくらい組めるのかハッキリさせるため、与信を通してみましょう」といった話し方でも、お客様はいい気はしません。与信とは、融資や信用取引などの融資に関する枠を供与することです。

世間には、家は買ったが残念ながらローン破綻している人たちがたくさんいます。そんな人たちを量産している住宅会社があるのも事実です。なかには、借入可能金額がわかると「このオプションをぶち込め、このオプションまで取れ」などと、身ぐるみ剝《は》がすような営業をするところがあるかもしれません。

それでも一時的には売り上げは増えるでしょうが、ローン破綻する人たちを増やすことにもなります。そんな営業をしていると、社員のモチベーションは上がらないし、やる気も高まらないし、何より幸せなお客様は増えていきません。お客様には、まずライフプランの確認が大切なことをしっかり伝えなければなりません。

そのために、当社の理念をしっかりお話しすることから始めています。私たちは単に住宅を提供するためにだけ仕事をしているわけではないこと、お客様に「幸せ」を提供することをいちばんに考えていること、それにはお客様のローン破綻を絶対に避けたいことなど、私たちが大事にしていることをしっかりお伝えしています。

そのうえでお金に関するお話をします。伝え方を間違うと、先にお話ししたように、お客様は「あなたに買えるんですか？　お金は大丈夫ですか？」と責められているように感じてしまうからです。そのためにも、当社の理念をしっかり伝えることを大切にしています。

コラム　ファンになってくれるお客様の存在が「財産」

当社で家を建てたお客様のなかには、その後も当社のファンとしてさまざまな協力をしてくださる方がたくさんいます。たとえば、太陽光発電システムを設置したお客様は「名前を出しても構いません。住所を出しても構いません」とおっしゃって、電力会社から送られてくる売電データをそのまま公表してくださいます。

「リアンコーポレーションで家を建てて幸せになりました。それは間違いない事実なので隠す必要はないし、幸せになる人がもっと増えるのなら、わが家の事例を多くの人に伝えてください」とおっしゃるお客様もいます。ご自身のブログにリアンコーポレーションのホームページのバナーを貼ってくださる方もいます。

こうして当社のファンになってくださるお客様の存在は、とても大きな「財産」になっています。

今は、昔のように一大決心をし、他のことは我慢しても家を買うという時代ではありません。人生が楽しくなるなら家を買おうと考える人のほうが増えていると思います。

たとえば、「家を建てたら貯金が増えました」とおっしゃるお客様もいます。目から鱗《うろこ》が落ちるような話ですが、のちほどお話しするように、太陽光発電システムのメリットを感じているようです。これからは、このようなお客様が増えていくと思いますが、私たちも、そんなお客様の家づくりのお手伝いができるように取り組みたいと考えています。

家を建てて幸せになった、貯金が増えた、そんなお客様の生の声が広がっていけば、自ずと新しいお客様は集まってきます。丸い地球がいつまでも周り続けるように、住宅業界にもそんな好サイクルが生まれてくるはずです。

住宅を売ること自体が目的ではない！
――まずはライフプランをしっかり立てる

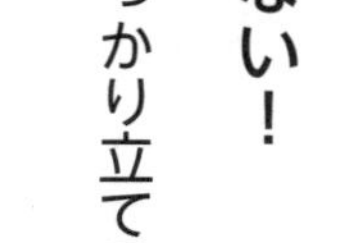

住宅業界にはお客様の「与信」に対してさまざまな考え方があります。たとえば、銀行から「あなたには３８００万まで貸します」「あなたには４５００万まで貸します」というオファーが出たとします。

このとき住宅会社としては、その最大額まで費用をかけた家づくりを勧めることもできます。そのために、言葉巧みにと言っては変ですが、オプションなどもどんどん増やそうとします。

しかし、それは「皆生感動システム」の理念からすると、家づくりの仕事とはいえません。なぜなら、借入可能金額イコール返済可能金額ではないからです。もし巧みな言葉に乗って借入可能金額をマックスで借りてしまうと、必ずローン破綻に近づくと言っても言いすぎではありません。

たとえば、本来は子育てに専念しなくてはならない妻が働き始めることになるとか、

給料が下がったり賞与が出なかったりしてローンの支払いがむずかしくなるという話は、よく耳にすることです。このようなことは、大手住宅メーカーが請け負った家であっても起こり得る話です。

最大の問題はギリギリでローンを組んでしまうことにあります。それが、その後の生活にストレスを与えるからです。家は建てたものの「明日、来月、再来月の住宅ローンの支払いはどうしよう……」と、お金のやり繰りで頭を悩ませることになったら、「幸せ」とはかけ離れてしまうことになります。家族の間に溝ができるかもしれません。これでは、とても幸せな家づくりとはいえません。

ローンのことだけではありません。子どもが成長し、進学は私立にするのか公立にするのかを決める時期が来たとき、親としては公立に入ってほしいけれど、私立に入らざるを得なくなることもあるでしょう。実家の両親に教育資金の援助を頼み込むとか、それがダメなら教育ローンを組むことになるかもしれません。結局は、家を手放すことになることだってあります。

こういった事例が世の中にはいっぱいあります。新聞記事でも読んだことがあると思いますが、築２年、築３年で家を手放す人もいます。本来ならば、家は余程のことがないかぎり手離さないはずです。離婚に至ることさえあります。

では、お客様のローン破綻を増やさないためにはどうしたらよいのでしょうか。「借入可能金額めいっぱいの金額で家づくりを始めてしまうと、ローン破綻になる可能性があります」と、私たち住宅会社がお客様にしっかり伝えておくことです。

そんな話をしていたら売れるものも売れないし、家を売るのが仕事だと割り切って営業したほうがいいと考えている関係者もいるでしょう。

たしかに、そのほうが目先の実績は出るかもしれませんし、仕事も楽かもしれません。家をつくるお客様の幸せとは何か、お客様の家族はどんな気持ちで家を持とうとしているのかなどと、いちいち考えなくてもいいですし……。

そんな営業をしてお客様に家を引き渡したところ、3年、4年でローンが払えなくなり、家を他人の手に渡したケースとか、中古市場に出ているといったケースは珍しくありません。こうなったとき、私たち販売者は自分の仕事にやりがいを感じられるでしょうか。

住宅業界だけではありませんが、この業界の仕事は勤務時間が長く、帰宅も遅くなる傾向が強いと思います。それでも、プロとしてお客様の家づくりのお手伝いをしようとがんばったのに、結果としてお客様がローン破綻してしまったら、本当に辛いと思います。

自分の子どもに「パパのお仕事は何なの？」と聞かれて、「世の中にローン破綻をつくることだよ」と答える人はいないでしょうが、皮肉にも現実がそのとおりだとしたら、仕事のやりがいを感じることはできないでしょう。それでご飯を食べることはできても、おそらく美味しくはないだろうなと思います。「そんなつもりでやっているわけじゃない！」と反論されそうですが、やはり、それが現実なのです。

だからこそ私たちは、お客様に絶対ローン破綻させないという強い信念で取り組んでいます。

そして、安定した手元流動資金を確保しつつ、突発的な事態に対しても十分な備えがあり、レジャーや旅行も楽しみ、子どもの教育資金をしっかり確保できるような資金計画を立てるサポートをしています。

お客様に対して「もしかしたら家を買うことが目的になっていませんか？」と問いかけ、家づくりのスタートは家そのものではないことをしっかりと確認し合うところから始めるようにしています。

ライフプランが決まるまで家の話に進まない
――「家を建てることが目的になっていませんか？」

くり返しますが、ローンを組むとき、借入可能金額に等しい額を借りてしまうと、そのローンが負担になってきます。たとえローン破綻しなかったとしても、その負担感から来るストレスに耐えながら生活を切り詰める毎日になります。

それでも家を持てたのだから幸せだと言えるでしょうか。「家を建てたから幸せになれた、幸せになりたいから家を建てた」というのが本来のあり方だと思います。ところが、実際は、家づくり自体が目的になってしまっているお客様も多く、とにかく家を建てようとされます。

しかし、それでは家を建てる目的がズレてしまいます。「家を建てて、どうなりたいですか？　身近な人が建てたから自分も建てたいだけですか？」と問いかけると、いろいろな答えが返ってきますが、本質に気づいていないことが多いのも事実です。

家を建てる本来の目的は、そこで家族が暮らして幸せを感じたいからだと思います。

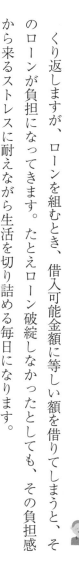

家族が同じ空間と時間を共有し、互いに触れ合い、絆を深める場として家があるのです。

ところが、とくにはじめての家づくりだと、ついついがんばりすぎてしまいます。先のことは何とかなると考え、「この金額でも返済できるはずだ。だって、銀行が貸してくれるのだから間違いない」と思い込んでしまうお客様が多くいます。

銀行関係の方に怒られてしまうかもしれませんが、銀行マジックにかかっている可能性もあると考えないまま決めてしまうと、返済の負担に苦しめられる危険性が高くなります。ローンの返済には、世の中の景気による給与や賞与の変化、子どもの進学の問題などいろんなことが影響してきます。ですから、お金の動き、つまりファイナンシャルなことをしっかり考えておくことが重要なのです。

私たちは、お客様にそのことをしっかり伝えなければならないと考えています。そのために、ライフプラン（人生設計）、ファイナンシャルプラン（経済設計）がはっきりしないかぎり、肝心の家の話には進みません。私たちは、家を売ることが目的ではなく、家に住むことで幸せになってもらいたいからです。

人には、家を持つことだけでなく、さまざまな欲求があります。子どもを教育したい、旅行に行きたい、車を買いたい、美味しいものを食べたい、お酒を飲みたい……。

しかも、人によってどれを優先するかも違っています。それを決めるのは、お客様がどんなライフプランを持っているかによります。そのことを把握せずに家をつくっても、本当にはお客様の幸せのお手伝いはできないのです。

私たちがお客様に、「あなたは家を建てることが目的になっていませんか?」と問いかけるのは、このような明確な理念を持っているからです。

コラム　社員の成長を感じた黒澤さんの英断

ここで一つエピソードを紹介します。

ある日、当社のショールームに飛び込みで訪ねて来られたお客様がいらっしゃいました。どちらかといえば、私たちは飛び込みのお客様が苦手です。

すぐに営業マンの黒澤さんが対応してヒアリングをしたところ、これまでに住宅展示場や工務店をたくさん見て回り、リアンコーポレーションの評判を聞きつけて来店されたようです。プランはかなり綿密なところまで考えているようですし、ご主人のお話も明確で、建物費用にいくら、土地にいくらとかなり具体的なお話をしてくれました。これならば契約はかなり固いという状態でした。

ただ、奥さんが押し黙っているのが気がかりでした。黒澤さんが「奥様の理想をお聞かせください」と聞きました。すると奥様は「どうしても子どもの部屋はつくってあげたいんです」と言います。

その話に黒澤さんが笑顔でうなずくやいなや、ご主人が「そのプランになったら部屋を一つ増やしてプラス200万になる。月の返済額がいくら増えるか知っているのか？　また10年後にメンテナンスで塗装するときに何平米増えて、費用がいくら増えるか知っているのか？」と、奥様を問い詰めるように話します。

そのときの奥様の顔は、家づくりを楽しみにしている人の顔ではありませんでした。たしかにご主人が言っていることは正論なのですが、不安を感じた黒澤さんはこう続けました。「ご主人様、私たちはこのまま話を進めることはできません。なぜならば……」としっかり説明して、その日はお帰りいただきました。

その日の夜、私が会社に戻ったとき黒澤さんから、その報告を受けました。概算で1500万の契約です。黒澤さんとしては、社長から「せっかくの契約なのに、何やってんだ！」と怒られるかもしれませんし、「黒澤さん、融通が利かないな」と思われるかもしれません。

黒澤さんは最後に「社長、このお客様はもう二度と来ないかもしれません」と申し訳なさそうに言います。しかし、私はこの報告を聞いて、心からうれしく思いました。「お客様も私たちも、幸せを感じられる仕事をしよう」という当社の理念をしっかり理解してくれていると思ったからです。

もし、その場で黒澤さんが「ご主人様！　さすがですね！　すごいですね！」とフォローしていたら、契約はもらえたかもしれません。普通の営業マンだったら結果が欲しくてやってしまうでしょう。でも、黒澤さんは違う選択をしてくれました。私は社員の成長をうれしく思い、こう声をかけました。「黒澤さん、それは英断だよ。なかなかできないことだよ」

そんな話をしているとき、黒澤さんの携帯電話が鳴りました。今日いらっしゃった奥様からです。「あんな話をしてくれたのは今回がはじめてでした。今、主人と何のために家をつくるのかについて話をしています。ありがとうございました。引き続きよろしくお願いします」。心が震える瞬間でした。

とことんライフプランの必要性について説明する

――お客様の意識が変わる

もう少しライフプランやファイナンシャルプランの大切さについてお話しします。プランを組むには、リタイア後の生活計画、そしてお客様自身がお亡くなりになるときの墓代まで細部にわたって数字を出していきます。

その際、どうしてもプランを立てにくいのがお子さんに関することです。見学会には、就学前の小さなお子さんを連れて来られるお客様が多くいますが、「お子さん、かわいいですね。将来は私立希望ですか？　公立ですか？」と聞いてみると、まだ決めていないという方がほとんどです。

問題は、それが決まっていないのに家を買おうとしていることです。そこで、私立と公立でどのくらい経済的に差が出るか、それを知らないまま家づくりの予算を決めることの危うさを伝えます。世の中はそんなに甘くないからです。

借入可能金額いっぱい借りてローンを組んで家をつくったものの、子どもが成長し

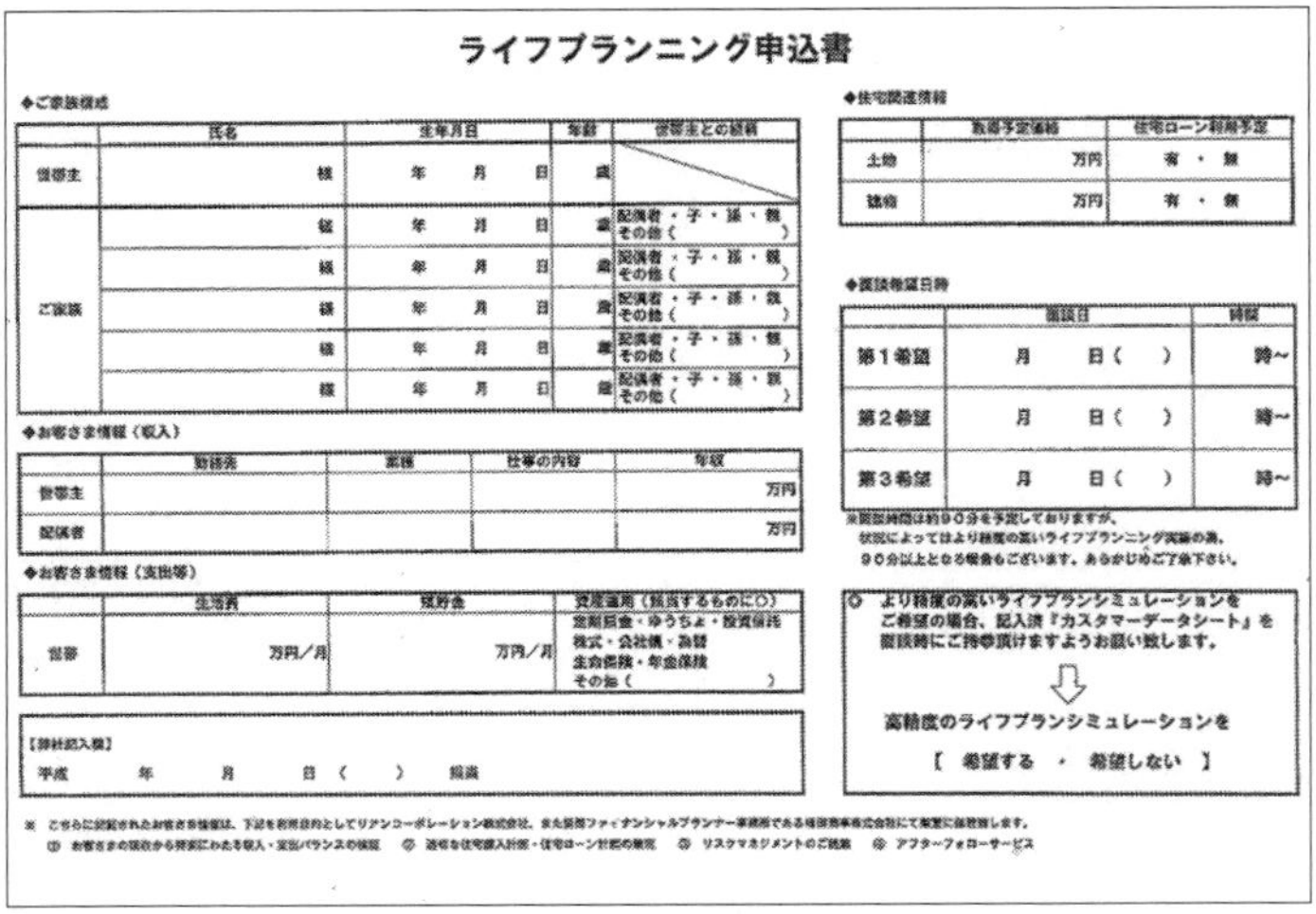

ライフプランニング申込書

◆ご家族構成

	氏名	生年月日	年齢	世帯主との続柄
世帯主	様	年　月　日	歳	
ご家族	様	年　月　日	歳	配偶者・子・孫・親 その他（　）
	様	年　月　日	歳	配偶者・子・孫・親 その他（　）
	様	年　月　日	歳	配偶者・子・孫・親 その他（　）
	様	年　月　日	歳	配偶者・子・孫・親 その他（　）
	様	年　月　日	歳	配偶者・子・孫・親 その他（　）

◆お客さま情報（収入）

	勤務先	業種	仕事の内容	年収
世帯主				万円
配偶者				万円

◆お客さま情報（支出等）

	生活費	預貯金	資産運用（該当するものに○）
世帯	万円／月	万円／月	定期預金・ゆうちょ・投資信託 株式・公社債・為替 生命保険・年金保険 その他（　）

【弊社記入欄】
平成　年　月　日（　）

◆住宅関連情報

	取得予定価格	住宅ローン利用予定
土地	万円	有・無
建物	万円	有・無

◆面談希望日時

	面談日	時間
第1希望	月　日（　）	時～
第2希望	月　日（　）	時～
第3希望	月　日（　）	時～

※面談時間は約90分を予定しておりますが、
状況によってはより精度の高いライフプランニング実施の為、
90分以上となる場合もございます。あらかじめご了承下さい。

◎ より精度の高いライフプランシミュレーションを
ご希望の場合、記入済『カスタマーデータシート』を
面談時にご持参頂けますようお願い致します。

⇩

高精度のライフプランシミュレーションを

【 希望する ・ 希望しない 】

ライフプランを立て計画的に家を買う

ていろいろな経費がかかるようになったとき、家のローンの負担感がずっしりとのしかかってくるとしたらどうでしょうか。

「返せないことはありませんが、返し方がかなり大変になるケースもあるので、しっかりライフプランを練りましょう」と、ライフプランを組み立てる必要性についてお話しします。

そして、ライフプランのヒアリングを行なう予約をしてもらい「ライフプランニング申込書」を書いてもらうことが見学会でのゴールであることは先にお話ししたとおりです。

5章

笑顔で申込書を差し出すだけ

クロージング編

第三者がプランナーとして加わる

——2回目の確認作業時にクロージング

ライフプランについての打合せは、2回とも当社のショールームで行なっています。

このときも、見学会のときと同じく、1回ごとに結婚式並の招待状を郵送しています。それと一緒に、やはり見学会のときと同じくショールームまでの地図を3種類同封しています。たとえお客様がショールームの場所をすでにご存知でも、こうした郵送物を届けて、こちらの思いを伝えたいからです。

車で来られる場合は、そのお客様専用の駐車場であることがわかるようにウェルカムボードを置いておきます。ショールームの入口にもウェルカムボードを置いてお出迎えし、スタッフ全員が席を立ってあいさつします。

接客用のテーブルの上には、お客様の名前入りのネームスタンドを置き、専用のドリンクメニューも用意しておきます。見学会と同じですが、ここまで徹底しているところは他にあまりないと思います。しかし、私たちにとっては当たり前のことです。

じつは、1回目のライフプランのヒアリングは、第三者の立場で客観的に判断できる外部のプランナーにお願いしています。

プランナーは、お客様が現在どんな生活をしていて、今後についてはどんな人生設計を持っているか、今はどれくらいの収入があり、どんな保険に入っているか、勤務先の企業の業績はどうか、給料はどんなペースで上がっていくか、といったことを聞いていきます。

さらに、新しい家ではどんな住まい方を望んでいるか、収入と支出のバランスをどう考えているか、ご夫婦がどんな人生観を持っているかといったふうに、かなり詳細なことまでヒアリングします。

これを2時間くらいかけて行ないます。

2回目は、そのヒアリングの内容に基づいてシミュレーションした結果を報告します。

シミュレーションの作業自体は数日で済みますが、2回目までは少なくとも1週間は空けています。それくらい時間が経過したほうが、お客様が結果を聞く心の準備ができるからです。

実際にも、1回目はたいてい土曜日とか日曜日に来られるお客様が多いので、2回目は自然に翌週の土曜日とか日曜日になります。私たちにとっては、この2回目がクロージングの機会になります。

このときは、すでにお客様の借入可能金額がわかっていますし、お客様に絶対に無理のない返済可能金額も出ています。たとえば、2800万が返済可能金額だとして、そこから建物費用1500万を引くと、残りの1300万で収まる土地を探すことになります。

このような結果を確認したあと、はじめて「オープンハウス申込書」「建物購入申込書」を書いてもらいます。同時に、1300万で収まる「土地探し申込書」も書いてもらいます。

ライフプランを確認せずに住宅契約をしようとすると、売る側も買う側も余裕がないなかで契約を急ぐことになりがちです。しっかりライフプランを組んで予算もはっきりしていると、営業スタッフはお客様に合った住宅を提案できますし、予算を踏まえた土地探しもしやすくなります。

大事なのはお客様寄りでも会社寄りでもない視点

——財布の中身がはっきり見えてくる

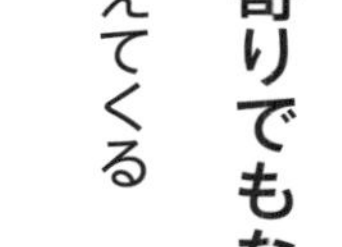

外部のプランナーを立てることにした理由について、もう少しお話しします。じつは、はじめはライフプランのヒアリングやシミュレーションは当社のスタッフでやろうと考えていました。実際、自社でやっている住宅会社は多いと思います。

しかし、自社でやると「売らんがためのライフプラン」「売らんがための資金計画」になってしまうので注意が必要です。「家を売りたい、販売したい、契約を取りたい」という意図が強く働きすぎると、お客様のためのライフプランではなく、買ってもらうためのライフプランになってしまいやすいのです。

そのことは、いくら親切に対応しても、お客様自身がどこかで感じていることだと思います。「住宅会社でライフプランやってもらっても、ちょっとな……」という感じです。とくに今は、ネットで調べるだけでもいろんな情報が入手できる時代ですから、お客様はかなりのところまで調べることもできます。

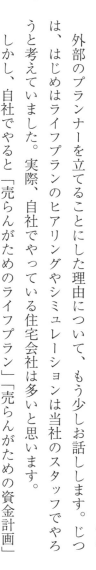

そこで当社では、思い切って第三者の立場でプランづくりを行なってくれるプランナーに依頼することにしました。実際にはソニー生命の代理店のプランナーにお願いしていますが、お客様寄りでもなく、住宅会社寄りでもない中立な立場でライフプランニングを行なってもらっています。そのほうがお客様は間違いなく安心できます。とはいっても、プランナーは普段、保険の見直しを中心にライフプランの相談に応じているため、家づくりを前提としたライフプランを扱うことに慣れていません。ライフプランの一つとして保険を見直すことは必要ですが、優先順位を間違えると、かえってお客様を混乱させてしまうことになります。

そのことを踏まえず、最初からプランナーに丸投げしてしまい、期待したような結果が出なくて苦戦している住宅会社もあります。私たちも当初は「なかなかうまくいかないものだな……」と痛感しましたが、外部のプランナーに加わってもらうことは、まさしく諸刃の剣にもなり得るのです。

そこで私たちは、事前に自分たちの考えや取り組みをプランナーにしっかり伝えることにしました。そして、「どう転んでも、かぎりなく大丈夫」というレベルを目指してもらっています。お客様の収入が現在のままでも、この金額だったらリスクが少ないし、負担も少ないというレベルのライフプランです。

さすがに、勤務している会社の倒産など、今予想しても現実的ではないことは含みませんが、今後右肩上がりで給料がどんどん上がっていくことを前提にしません。

そのような方針で、プランナーはお客様からヒアリングをした内容をデータ化し、シミュレーションしてライフプランを組んでいきます。それを見たとき、お客様は家をつくろうとしている自分の財布の中身がはっきりと見えてきます。

お客様の実際の「財布の中身」からプランニング
――幸せな生活を送るバロメーター

ライフプランを立てるまで、お客様は、人生においてこれからかかるお金がどれくらいなのか、自分の財布の中身がどうなっているか、はっきりとはわかっていないと思います。
たとえれば、お金をいくら持っているのかわからないのに、ブランドショップに行

ってどっちのバッグにしようかと悩んでいるようなものです。「こっちのバッグは10万円だけど、こっちはちょっと高くて50万円。どっちにしようかしら……」。たとえ、ローンで買ったとしても、返済に四苦八苦してしまい、こんなはずじゃなかったということになるかもしれません。

自分の財布の中身がどうなっているのかわからないまま、ブランド商品の知識だけ増やし、夢を膨らませたとしても、それでは目的にたどり着けません。家についても、こういったお客様がけっこう多いと思います。

本当は2500万円が返済可能金額なのに、借入可能金額が3500万円だと言われて、3500万円の財布を持って家を買いに行ってしまいます。

何度もくり返しますが、借入可能金額は返済可能金額ではありません。お客様が無理なく、不安なく、ストレスなく返済できる金額は3500万円ではなく2500万円かもしれません。3500万円は、勤務年数や家族構成から与信を通した際に出た金額に過ぎないのです。

その3500万円の財布を持って家を買いに出かけてしまったら、破綻のリスクはかぎりなく大きくなります。そんなお客様に「ご主人様、立派な勤め先ですからいけますよ、フェラーリいけますよ」みたいな話をするのは、相当まずいことだと思います。

それでも、買ってしまうお客様はいるかもしれませんし、極端な話、電気をつけない、子どもの進学をあきらめさせるといったふうに生活を切り詰めて生活すれば、何とかローンの支払いは続けられるかもしれませんが、果たしてそれで家族は幸せに暮らせるでしょうか？

「借入可能金額は３５００万円で与信を通っています」と言うお客様の言葉を鵜呑みにして、この金額だとこんなプランで、こんな土地になりますと住宅会社が提案すれば、契約は決まるかもしれません。しかし、住宅販売に関わる者としては、それでお客様が本当に幸せになれるだろうかと考えるべきです。

私たちは「ちょっと待ってください」という話から始めます。

「お客様を否定するわけではありませんが、３５００万円は住宅ローンの借入可能金額です。お客様の返済可能金額はいくらかご存じですか？　借入可能金額と返済可能金額は違うということをご理解ください」

と話しています。そして、借入可能金額は、破綻するリスクを避けるためのバロメーターというより、お客様がローンを払い続けても幸せな生活を送ることを可能にするバロメーターだと説明しています。

私たちの目的は家を売ることより、住宅購入後、無理のない返済をしていただいてローン破綻しないいこと、何よりご家族が幸せな生活を送ることにあります。そのためには、絶対大丈夫というライフプランを立てることが先決であり、そのうえで、お客様の理想に少しでも近づける家づくりのステップに進みますと伝えています。

くり返します。ライフプランが曖昧で財布の中身がわからないまま、家を見たり、土地を見たりしても、残念ながら幸せな家づくりはできません。ましてや、そんな状態のままクロージングを行ない契約してしまうと、もはや引き返すことができなくなります。

ライフプランが出来上がってはじめて、お客様は無理なく、負担なく、ストレスを感じることなく返済できる自分の本当の財布の中身がわかってきます。自分たちがどんな家を買えるのかも具体的に見えてきます。

そこまでいくと、たとえば内装は「どっちの色がいい」といったふうに具体的な話もどんどん決まっていきます。

感動レポート

お客様の不安や心配事に徹底して寄り添う

井上孝江（㈱リアンコーポレーション・笑顔生産部）

私は笑顔生産部に所属し、二級建築士と宅建の資格を活かして新築物件の建築確認申請、中間・完了検査、住宅瑕疵《かし》保険などの業務を担当しています。また、インテリアコーディネーターとしてお客様のインテリア相談を受けたり、完成現場見学会のディスプレーなどのコーディネートをしたりしています。

1棟の住宅ができあがるまでには、さまざまな出来事があり、いろいろなドラマがあります。建物に対する思いも人それぞれです。お客様のなかには、少なからず不安や心配事を抱えながら家づくりと向き合っている方もいます。

家づくりのプロである私たちは、いい家を建てることはもちろんですが、同時に、お客様の不安や心配事と徹底して寄り添い、安心感を持っていただけるよう応対することも大切にしています。

そして何より、お客様にとって「わが家が一番！」で、早く帰りたくなるような家を提供できるよう、陰ながらサポートしていきたいと思っています。

笑顔で申込書を差し出すだけでいい

——丁寧にステップを積み重ねることでしか信頼は得られない

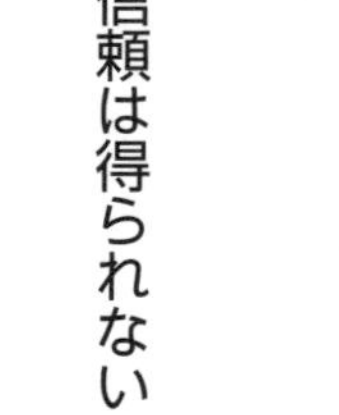

ライフプランの報告を行なうときは、できるだけビジュアルな資料にして渡しています。それを見れば、「お客様の財布の中身はいくらですよ、お客様の住む家はいくらですよ」と、予算についてもすぐにわかります。

たとえば、あるお客様のライフプランでは２８００万円が返済可能金額で、住まいの建物費用が１６００万円だとします。すると、２８００万円から１６００万円を引いた１２００万円が土地の購入資金になります。

ここまではっきりしたところではじめて、１６００万円の建物購入の申込書を書いてもらいます。それとともに１２００万円で収まる「土地探し申込書」も書いてもらいます。

どんな売買でもそうでしょうが、とくに家の購入は高額なので申込書を書くことに誰でも慎重になります。その分、営業マンはお客様の前に申込書を差し出すときに緊張するかもしれませんが、ライフプランを組んだあとにクロージングを行なうので、申込書は笑顔で差し出せばいいのです。

それでもスタッフのなかには、断られたらどうしようと緊張して、なかなか申込書を差し出すのが苦手な人もいます。1年間に一人で30棟を売り上げたスタッフがいますが、彼もそのタイプでした。話は随分と煮詰まっているのに、なかなか契約書をもらえません。そこで、営業スタッフの黒澤さんが同席して笑顔で申込書をお客様の前に差し出しました。すると、お客様は「はい、わかりました」と言って、すぐ契約書に記入し始めました。

そのスタッフはお客様の反応にビックリしたようですが、完成現場見学会、ライフプランのヒアリング、ライフプランの報告と一つひとつステップを踏みながら私たちと信頼関係を結んでくださっているお客様にとっては、契約書を書くことは一つの通過点に過ぎないのです。

土地探し申込書

平成　年　月　日

お申込者　ご芳名（フリガナ）　印　生年月日　年　月　日　ご年齢　歳　ご年収　万円

ご住所　〒　TEL（　）

ご勤務先　名称　住所　TEL（　）　勤続（　）年

【ZERO-CUBE】

	価格	選択欄
ZERO-CUBE	1,000　万円	
ZERO-CUBE＋BOX	1,200　万円	
ZERO-CUBE＋BOX2	1,300　万円	
ZERO-CUBE＋SKYBALCONY	1,300　万円	
ZERO-CUBE＋BOXSKYBALCONY	1,500　万円	
ZERO-CUBE＋BOX2SKYBALCONY	1,600　万円	
ZERO-CUBE＋PENTHOUSE	1,400　万円	
ZERO-CUBE＋GARAGE	1,400　万円	
ZERO-CUBE＋innerGARAGE	1,500　万円	
ZERO-CUBE＋STORAGE	1,200　万円	
ZERO-CUBE＋W	1,900　万円	
ZERO-CUBE＋WSKYBALCONY	2,400　万円	
ZERO-CUBE＋Lソーラー	＋500　万円	

【ZERO-CUBE】　万円　＋　付帯工事　万円　＝　建物合計　万円

予算　万円　－　建物合計　万円　＝　土地価格　万円

株式会社リアンコーポレーション住宅事業部
TEL 028－678－5493

担当者名：

土地探しも一つの通過点

実際のデータでは、これまで8割から9割のお客様と契約が成立しています。残りのお客様は、途中のステップで終わったり、一通りステップを踏んでもうまくいかなかったりします。こんなときは、けっして無理はしません。

それより、どうして私たちのこだわりである「幸せの提供、幸せな家づくりの提供」ができないのかをもう一度振り返ることが大事です。

こんなことがありました。ネット上で予約してくださったお客様には、1週間に1回のペースでいろいろな資料を送って接点をもつようにしているとお話ししましたが、あるスタッフが3週間分まとめて送ってしまいました。1週間に1回の接点が大切なのに、まとめてしまったため、来場はしてくださってもお客様とのつながりは弱いままです。ライフプランについてもヒアリングや報告内容を端折ったりすると、後々必ず不一致が出てきますし、クレームにつながることもあります。

このように、ちょっと油断すると、おもてなしの質は低下していきます。「皆生感動システム」の本質をしっかり理解し、すべてのステップを丁寧に、丁寧に積み上げていくことでしか、お客様に信頼してもらい、安心して契約してもらうところまでは至らないのです。

コラム　家具屋さんとのコラボレーション

ショールームへ来店するメリットを感じていただくために、クオカードをプレゼントしています。それによって、来店を躊躇している方の背中を押すことができればと考えたサービスです。

今は、リアンコーポレーション本社の目と鼻の先にある大川家具さんとタッグを組んでいます。お客様が来られたときに引換券を渡し、「これを大川家具さんに持って行くと、家具の10％割引券と、ゼロキューブと大川家具のロゴが入ったクオカードがもらえます。ぜひお立ち寄りください」と勧めています。

家が完成すれば家具が必要になりますから、お客様にもメリットがありますし、来客数が増える大川家具さんとしてもメリットがあります。

今後は、大川家具さんにかぎらず、協力してもらえる家具屋さんをもっと増やしていきたいと考えています。

プレゼントしているクオカード

買わない理由がない状況をつくる

――太陽光発電を組み合わせた究極のクロージング

国のエネルギー源の一つとして自然エネルギーへの注目が高まるなか、住宅に太陽光発電を活用する方法が徐々に広がってきています。ゼロキューブは最初から太陽光発電を組み入れた住宅を扱っています。私たちの場合は、扱う住宅の約9割で太陽光発電の全量買い取りモデルを採用しています（2015年1月現在）。

しかし、この方式は全国の工務店レベルではそれほど知られていませんし、一般の消費者はほとんど知らないと思います。

ゼロキューブの家は住宅の価格が1000万円から始まります。ローコストとは言わないまでも、住宅としてはお求めやすい価格になっています。ですから、住宅ローンも安く組めるのですが、これに太陽光発電の全量買い取りモデルを組み合わせると、住宅ローンの負担がかなり軽くなります。

このことがクロージングを容易にする助けにもなっています。「買わない理由がな

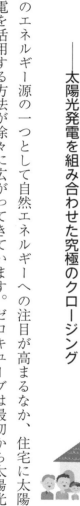

い」状態をつくってくれるからです。

クロージングの段階でお客様が最後に迷うのは、やはりお金のことだと思います。ですから、その心配が少ないほど購入の決断が容易になります。究極的には、人はお金の心配がなければ、必要だと判断したものは何でも買うと思います。反対に、買いたくても躊躇させるのは、やはりお金の心配が大きいからです。

ですから、その心配がかぎりなく少ない状況をつくることこそ最高のクロージングにつながります。

たとえば、お客様が今住んでおられるお住まいの家賃が7万円で、住宅ローンを組んでも7万円だとします。これまでの営業であれば、家を買っても負担が増えるわけではないし、同じ7万円を払うなら家を買ったほうが得だと説明してきました。

しかし、同じ7万円でも、たとえば35年のローンを組むと、その期間はずっと7万円払い続けることになります。賃貸ならば7万円が苦しくなったら、もっと安い4万円のアパートに住み替えることだってできます。同じ7万円でもローンには35年という重みが付いてくる分、ストレスになるのです。

こう考えれば、「月々払うのは7万円だから一緒ですよ」という説明だけでは説得力がありません。今もこんなクロージングをしていたら、恐らく契約は決まりにくいと思います。

しかも、今はお客様もそんなことは百も承知していますから、言われれば言われるほど心が離れていきます。それなのに、同じことをくり返している住宅会社が多いような気がします。

話を太陽光発電に戻します。当社では、全量買い取りで11・184kW、つまり10kW以上の太陽光発電を使用しています。全量買い取りにするには、パネルの総出力が10kW以上ないといけません。それ以下の出力だと余剰電力買い取りとなり、固定買い取り期間も10年間と短くなってしまいます。

全量買い取りで年間のシミュレーションをしてみると、月々の売電価格は約3万6000円になります。7万円の住宅ローンを組んだとして、約3万6000円が売電で入ってくるとしたら、残りは約3万4000円です。3万円台で住宅ローンが組めることになるのです。

当社のお客様で、住宅ローンを6万5000円で組んだ方がいます。シミュレーションでは売電で約3万6000円入ることになったので、ローンは3万円を切ることがわかりました。

もちろん、こうした数値はシミュレーション上のものですが、このお客様は「うちの数値を使ってください」と実際の数値を提供してくださいました。

そのデータを見ますと、住み始めてから半年間の売電の金額は、月平均で約5万3000円です。住宅ローンが6万5000円ですから、「6万5000円－5万3000円＝1万2000円」となります。つまり、1万2000円のローンで済んでいることになるのです。これなら、ローンの負担をほぼ感じることなく住み続けることができるでしょう。

太陽光発電には当初の設備費用として約500万円かかるため支払総額は増えますが、売電による収入と合わせて考えれば、月々のローンの支払いはかなり低く抑えられます。

しかも、この売電は20年間保証付きですから、ローンが6万5000円のお客様の場合は、20年間はずっと1万2000円で済むことになります。

たとえ実質的なローンの負担が3万円台だったとしても、一般的な家賃よりはるかに安い金額です。1Kのアパートでもなければ、3万円台の家賃はありません。

しかも、この20年間は子どもにもっともお金がかかる期間です。ローンの負担が少ない分、お子さんの教育にも無理なくお金を回すことができると思います。

クロージングにおいて、このようなお話をできるのはとてもありがたいことです。シミュレーションの数字をお見せするだけでなく、すでに利用しているお客様の数字を見せることもできるので、説得力はさらに増します。

ちなみに、当社の建物にも太陽光発電を取り入れています。これによって、会社の経費負担は明らかに少なくなっています。

このように太陽光発電を取り入れると、お客様の月々の負担は少なくなりますし、当社としても売価が５００万円増えることになります。お客様にとってプラスになり、当社にとってもプラスになるのです。

しかも、環境にやさしい太陽光発電を増やすことは、自然エネルギーの割合を増やしていこうという国策にも適っています。

ただし、太陽光発電の買い取り制度は見直しが検討されているので、最新の情報をチェックしておく必要はあります。

6章

職人さんの顔が見える家づくり

着工式編

建物の予算を決めてから土地を探す

――予算オーバーを回避し契約成立のスピードを上げる

クロージングで「土地探し申込書」を書いてもらうと、そこから土地探しが始まります。先に挙げた例のように、2800万円の予算で建物に1600万円かけるとすると、残りの1200万円が土地の購入費になります。

この金額で収まる土地を探すことになりますが、まず、お客様が希望するエリアをヒアリングします。その後、そのエリアにある候補地をピックアップし、その土地に建物を配置した図面も添えて、お客様に資料を送付します。

この手法は他の住宅会社とはまったく逆だと思いますが、最初に建物の予算を決めてしまうことに大きな意味があるのです。

もし土地を決めることから始めてしまうと、どうしても土地に余分にお金がかかってしまい、建物にかけられる金額が少なくなってきます。それでも建物の予算を減らさずにおこうとすると、全体の予算がさらに増えて、借入可能金額ぎりぎりでローンを組むことになります。これでは、お客様に大きな負担を強いることになります。

すでに土地を持っている方や、親の土地がある方は別として、当社のシステムで販売していても、土地を探す作業はどうしてもスピードが落ちる傾向があります。建物については設計などはバーチャル上で作業を進めることができますが、土地探しはリアルな作業なのでそうはいきません。この作業のスピードがいかに鈍らないようにするかで、会社の売り上げも違ってきます。

まず、お客様が希望しているエリアから候補地を4、5件ピックアップして提示します。「この土地はいいな、ここはちょっとイヤだな……」というやり取りを何回か行なっていくうちに、「この土地が良さそう！」と一定の方向性が出てきて候補地が2、3件に絞られてきたら、お客様に「土地探しセミナー」に参加してもらいます。

たいていのお客様は土地に関する知識がほとんどないので、パワーポイントを使って説明しています。水道の引き込みがない物件を買ってしまったとか、法律上、家が建たない土地を買わされてしまったといった具体例も紹介します。

たいていは当社の不動産担当である宮本さんが候補地を紹介していますが、お客様のなかにはご自分のネットワークを使って探される方もいます。

たとえば、Sさんもそのお一人でした。ご自分で土地を探し始めて間もなく、「とっても良い土地が見つかりました」と嬉しそうな声で電話をしてこられました。それによれば、「とても感じの良い不動産業者がいて、信じられないような価格だし、場所も最高」と言います。それがすべて間違いでなければ「良かったですね」と言えますが、数多くの経験を積んでいる私たちからすると「あれ?」という感じでした。

念のために物件の調査をさせていただく許可を得て、土地付け不動産業者とやり取りしてみることにしました。早速電話すると、なるほど感じの良い対応で、物件の地図や法務局の資料など必要なものをすぐにファックスしてくれました。

ところが、この物件は調整区域にあるため、基本的には住宅を建てられない土地だったのです。それでも開発許可という申請を行なうと建てられる場合もあるため、それも調べてみました。結果は、どんなに調べても、許可になる用件は見つかりません。

土地付け不動産業者なら地域の条例などに詳しいと思い、この不動産業者に電話をして「いろいろ調べてみたんですが、開発許可になる用件が見つからないので教えていただけませんか」と尋ねると、驚くような返答が返ってきました。「家が建つなんて、一言も言ってねぇよ! 余計なことするんじゃねぇよ!」。本当に耳を疑いました。

すぐお客様にそのことを報告すると、「そんなはずはないですよ。何かの間違いじゃないですか」と半信半疑の様子です。その後、お客様自身がその不動産業者に直接連絡したところ、同様の返答が帰って来たそうです。電話の声はとても残念そうでしたが、家が出来上がって引き渡し式を行なったとき、最高の感謝の言葉と笑顔を送ってくださいました。

この場合は事なきを得ましたが、こんな信じられないようなことが現実には起こり得ます。こうしたとき、もしそのまま話を進めていくと、お客様の満足度も私たちの信頼度もガタ落ちになります。

コラム 「皆生《かいせい》感動システム」の意味を体感した出来事

「皆生感動システム」の威力を体感する出来事がありました。あるお客様がライフプランを組み終えて土地探し申込書にも記入されました。ところが、いざ土地探しを始めてみると、希望するエリアに土地がなかなか見つかりません。いくら調べてもお客様が納得できる土地が出てこないため、エリアを少し広げてみましょうとお話ししても、お客様は希望のエリアに強いこだわりをもっておられます。探し始めて2カ月が過ぎ、私たちも途方にくれていたころ、お客様からお電話がありました。「土地も新築もあきらめました。この話は無かったことにして、いったん白紙に戻してください」。その後、お客様とショールームでお会いしましたが、不動産担当の宮本さんは、お客様のお力になれなかった悔しさや無力感でいっぱいです。

そのお客様は、中古住宅なら希望のエリアにあるので、新築をあきらめ、中古住宅を購入してリフォームすることに決めていました。その中古住宅を紹介してくれた会社からはリフォームの提案も受けているようです。宮本さんは、中古住宅の提案もしなかった自分に腹が立っているようでした。

ところがそのお客様は、会社から渡された物件資料を宮本さんに差し出して、「この物件をリアンさんで仲介してください。リフォームも全部お願いします」と言ってくれたのです。彼は耳を疑いました。希望の土地を見つけてあげることもできず、理想の新築も断念しなくてはいけなくなったのに。続けて、お客様はこうおっしゃいました。

「宮本さんを疑う訳ではありませんが、私たちも土地を必死に探しました。別の不動産屋さんにも足を運び、情報を収集しましたが、私たちの希望するエリアには予算内の土地はないことがわかりました。

そんな折、そのエリアをどうしても外せないのなら中古住宅はどうですかと、ある不動産屋さんが提案してくれたのです。さっそく外観だけ見てきて、ここが良いなと思いました。ところが、その不動産屋さんはすぐに話を決めてくれと急かすし、対応や資料はリアンさんとはまるで違っていました。

他の会社さんに行ってよくわかりました。ですから、仲介とリフォームをリアンさんでお願いします」

私たちは、このお話を聞いて改めて自分たちがやっていることの価値を体感できました。じつは、担当した宮本さんには、どうしてここまでやらなければいけないのかという疑問があり、会社の方針だからやっているという気分があったといいます。この体験を通して「皆生感動システム」の意味をさらにはっきりとわかってくれたようです。

土地探しは徹底して住む人の視点で
――徹底的に調べ上げ他社との差別化を図る

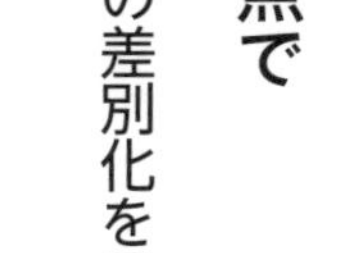

土地探しでは、候補地の内覧も大切です。中古物件や賃貸住宅を内覧するのはわかるが、土地の場合はどのように内覧するのかと思われるかもしれません。じつは、これが非常に大切なことなのです。

内覧の仕方はいたってシンプルです。気に入った土地にお客様と一緒に行って、実際の土地の広さを視覚的に確認できるように、建てようと計画している住宅の広さを木杭《ぼっくい》とロープ（地縄）を使って表現してあげます。

時間にして5分から10分ほどかかりますが、図面で見ていたのとは違った感覚になります。家が建つ敷地の広さや駐車場の広さ、庭に使える土地の広さなどを体感できます。

こうして図面上だけでなく、現場でも確認しておいたほうが最終的に土地を決めるとき、すんなりといきます。

じつは、それでもいよいよ決定する段階になると、「この土地で本当に大丈夫か？」と不安になって迷ってしまい、けっこう時間がかかることがあります。そこで、土地探しの際に私たちがやっていることがほかにもあります。

普通は、2、3件のデータだけを渡して「どの土地にしますか？」と提案している住宅会社は多いと思います。しかし、これだけの情報では、お客様は候補地を安心して絞り込めませんし、決めるまで時間もかかります。このことは住宅販売のネックの一つになっています。

私たちの場合は、候補地が2、3件に絞られたところで、お客様に代わって私たちが周辺地域の調査もやっています。

たとえば、候補地から勤め先までの距離や道順を調べて、それを示した大、中、小3サイズの地図を用意します。

候補地の周辺にある商業施設や信用金庫、銀行、郵便局、農協、スーパー、コンビニ、病院などについても調べ上げますし、保育園や小学校、中学校、高校、市役所、ホームセンターなどが何キロ圏内にあるのかも調べ上げます。さらには、クリニックや歯医者さんの診療時間、休診日まで調べておきます。

じつはお客様も、こっそり朝のジョギングがてらに周辺を歩いてみたり、夜に散歩がてらに歩いてみたりしながら様子を調べています。しかし、一般の人が本当のところを調べ上げるのはかなりむずかしいと思います。それを私たちがやっています。

こうした調査をくり返していると、データがどんどん蓄積されてきます。それが当社ならではのデータベースになり、お客様のさまざまなニーズに対応した情報を素早く提供できています。

この調査は、候補地周辺の設備だけでなく、環境面についても徹底的に行なっています。お客様が選ぼうとしている土地の近隣500メートル圏内にある家を訪問して、住民の様子や地域の特徴はどうなっているかとか、朝、昼、夜と時間帯によって周辺の様子がどう変わるかといったことも調べています。

すでにお住まいになっている方からは、「風向きによって変な匂いがしてくる」、「変な粉が飛んでくる」、「ちょっと変わった人がいる」、「怖い人がいる」といった話を聞くこともあります。こんなことが土地を決めてからわかると、お客様はかなり辛い思いをするでしょう。よく調べもせずに紹介した私たちも、自分の首を絞めることになります。

いくら住宅が満足できるものであったとしても、建てた場所で嫌なことが多ければ、きっとお客様は自分の家づくりは失敗したと思うようになるでしょう。あの会社には頼まなければ良かったと思うかもしれません。

そうなったら、お客様が自分の兄弟や親戚、友人、同僚、知人に、あの会社で建てて良かったと紹介してくれるでしょうか。スタッフも、お客様にそう思われるような仕事しかできていないと感じて、仕事に誇りややりがいを持てなくなるでしょう。

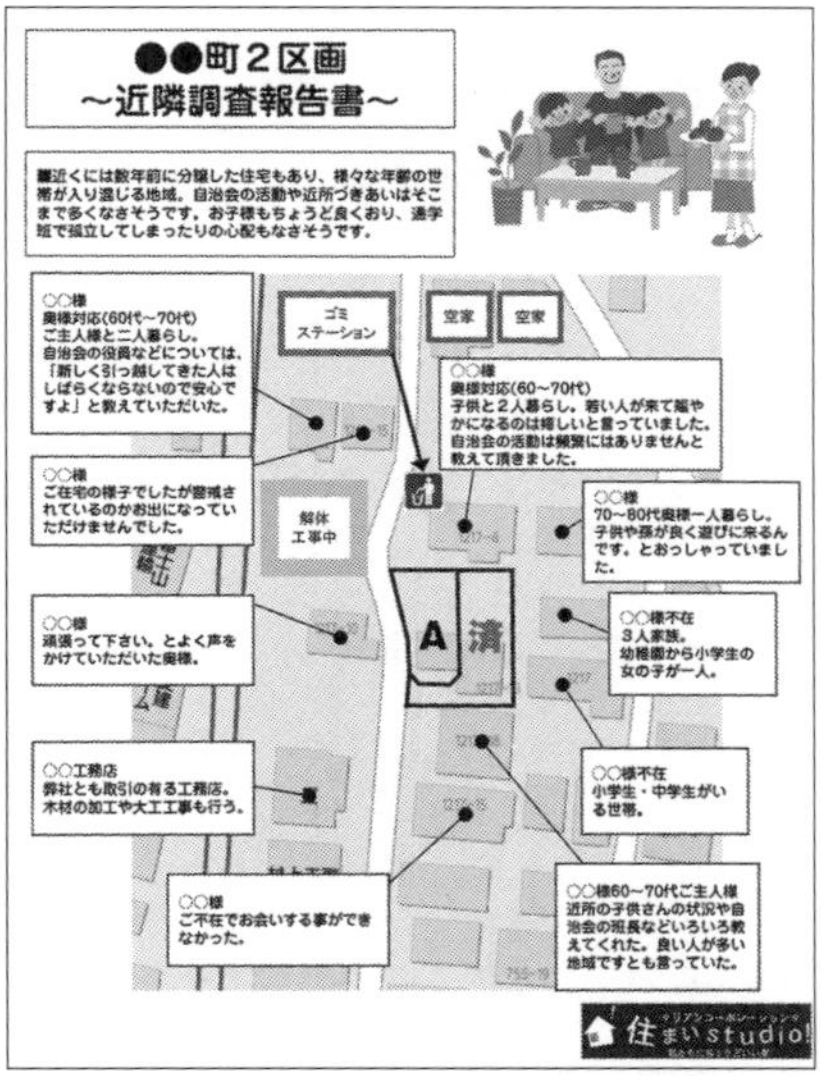

お客様の立場で近隣を徹底調査

ですから、土地探しはお客様の視点に立って徹底的に調べ上げることが大事です。

このとき、お子さんの視点で調査することも欠かせません。保育所までバスで通うとしたらバス停はどこにあるか、小学校まで通学路を歩くと何分かかるか、その途中には交差点や線路がないか、通り道に街灯がなくて暗いところはないかなど、徹底して調査します。

たとえば、通学路を調べるときはスタッフが実際に子どもと同じくらいのペースで歩いてみて、何分かかるか、周りの風景はどうか、何か障害がないかを調べ、写真も撮っておきます。こうした調査をくり返し、冊子にまとめてお客様に提供しています。

大切なのは、「この土地で本当に大丈夫かな?」というお客様の心配を取り去る手助けをすることです。それによって、お客様の土地の決定が早くなりますし、建物着工までの時間も短くなります。

それによって会社の収益性も向上しますが、あくまで「お客様の幸せに寄与したい」という思いの結果なのです。

なかには、こうした調査を有料でやっている不動産会社もあります。料金は5万円から10万円といったところです。しかし、当社の場合は料金は発生しません。何よりお客様の迷いや心配事を取り除き、満足度を高めるお手伝いをするほうが大事だからです。

感動レポート

お客様の声なき声に耳を傾けて土地探し

宮本雄哉（㈱リアンコーポレーション・笑顔生産部）

不動産の仲介と土地探しのサポートがメイン業務です。当社の場合は土地を「売る」というより、お客様と一緒に「見つける」といった感じです。常にお客様の「目」になって土地と向き合っているからです。

目的の土地が見つかっても、さらに近隣宅に足を運んで細かく情報を収集し、お客様にフィードバックします。候補地周辺の夜間環境の調査も行ないます。

いつも、不動産のプロフェッショナルとして「お客様にもっとも有益な土地を提供したい」という思いを胸に土地探しをしていますが、ときには、お客様がＯＫと言っても、プロの視点で総合的に判断して「違う土地を探しましょう」と提案することもあります。「本当にこの場所に家を建てられてよかった」と喜ばれるとき、いちばん仕事のやりがいを感じられるからです。

不動産はコミュニケーションが取れていないと、あとでクレームが発生しやすいため、いつもお客様の声なき声に耳を傾けながら土地探しに取り組んでいます。

お客様の色眼鏡を外してもらう

――住宅業界の上下意識も変える

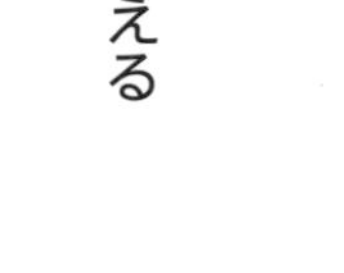

昔から住宅業界は〝クレーム産業〟とも言われるほど、クレームの多いことで知られています。たとえば、せっかく家を引き渡しても、お客様から「傷が付いている。どうにかしてください」とクレームがあり、交換することもたびたび起こります。

私たちも家を建て始めたころはクレームが多く、家を売れば売るほど手直しが出てくるといった状態でした。もっと施工管理をしっかりすることが必要だと考えて、スタッフを増員しましたが、教育が間に合わず、逆にてんてこ舞いしたこともあります。

何よりお客様に喜んでもらうことを願いながら、結果は反対になり苦労しました。私も「事件は現場で起きている」と思い、何度も現場に通いました。

建築の世界では、建てる側がいくら渾身《こんしん》の力作だと思っても「何これ、ここに傷がついているよ。交換して」と言われることがよくあります。その一方で、こちらとしては、まだまだ最高の出来映えとは言えず反省していても、「いやー、すごいですね、こんなにきれいになったんですか！」と喜んでくださることもあります。

こうしたことは建築の世界だけではないでしょうが、その違いはどこにあるのでしょうか。

結局のところ、評価というのは人によって違ってきます。このことにいちばん大きく影響するのが、互いの信頼関係です。「あなたたちにすべてを任せました」と思ってもらえるか、どこかにミスが潜んでいるはずだと疑われるか。いったん粗探しをするメガネをかけてしまうと、客観的にはかなりの出来映えであっても粗が見えてくると思います。

とくに建築の場合は100％はむずかしく、どこまでを許容範囲とするかでクレームの判断は異なってきます。

住宅会社としての基準はありますが、それでもお客様から指摘を受ければ、その基準は意味がありませんし、手直しをしなければなりません。何度も何度も手直しが入れば、引き渡し期日が延びてしまい、会社の収益性にも影響してきます。

いちばん肝心なのは、お客様と私たちスタッフ、そして建築現場の職人さんたちの間に、しっかりとした信頼関係をつくっておくことです。そう思って現場を見てみると、お互いのコミュニケーションがうまくいっていないことがわかってきました。たとえば、現場で作業をしている大工さんだけでなく、配管や電気系統の仕事をしている職人さんも、お客様の顔を知りません。誰の家をつくっているのか知らずに仕事をしていました。

これでは、お客様がたまたま現場を見に来られても、職人さんたちが挨拶をすることはありません。お客様にしたら、何千万というお金を払っているのに、なぜこんな対応をされるのかと不信に思うでしょうし、いい気持ちはしないでしょう。こんな人たちに家をつくってもらっても大丈夫だろうかと不安がよぎるかもしれませんし、「粗探しのメガネ」をかけてしまうかもしれません。

お客様に「信頼のメガネ」をかけてもらうことがとても大事なのです。そのためにお客様とスタッフはもちろん、職人さんたちとのコミュニケーションもスムーズにすることが必要だと思いました。

そこでまず、住宅業界にある上下意識を変えることにしました。じつは住宅業界には、元請けが上の立場で下請けや孫請けは下の立場という意識がかなり根強くあります。しかし、お客様の幸せを応援するために家をつくろうと思ったら、関わるメンバーは一つのチームであり、上とか下という関係ではないはずです。そのように意識を変えていくところから始めました。

そのために行なったことの一つが「着工式」です。建築に着工する機会を利用して、お客様と私たちスタッフだけでなく、建築に関係する職人さんたちにも参加してもらい、お互いにコミュニケーションする場を設けることにしたのです。

着工式が共通認識を生む貴重な場に
――初めはスタッフから嫌がられた

私が「これからは着工式を始めよう」とスタッフに言ったときのみんなの顔が忘れられません。少人数の営業スタッフでお客様に対応していましたから、ただでさえ仕事が多いのに、「うわ、また新しいアイデアが出て来た。これ以上面倒なことを増やしてもむずかしいんじゃないのか?」と思ったのでしょう、スタッフ全員が嫌がりました。

たしかに、「4ステップチラシ」の配布から始まって、毎週のフォローで地図の作成や招待状の準備、完成現場見学会の対応、ライフプランへの対応やクロージング、引き渡し式と、スタッフとしてはいくらでもやることがあります。さらに着工式までやろうとしたら、「この人数、この体制では不可能です。それでもやるなら人を増やしてほしい」と考えても不思議ではありません。

こういう場面になると、私はいつも伝家の宝刀を抜きます。「やってもいないのに、できないって、なんでわかるの?」「できないという自信はあるのに、なんでできるという自信はないの?」(笑)。スタッフは理不尽な要求を突き付けられているように感じたでしょうが、私は、着工式が必要な理由を説明し、これをやればさらに現状を改善できると話しました。

それでも、あまり乗り気でない雰囲気はありましたが、ひとまず着工式をやってみることになりました。はじめてのことですから、皆迷いながら進めましたが、1回目、2回目とやるうちにスタッフの感覚が変わっていきました。

着工式にはお客様と私たちスタッフだけでなく、職人さんたちにも参加してもらいます。家づくりの主役は職人さんたちだからです。

当社は住宅の販売や設計、管理をすることはできますが、実際に家をつくることはできません。ですから、主役である職人さんたちが参加しなければ、着工式は意味がなくなってしまいます。

ところが、いくつも現場を持ち回りしている職人さんたちは忙しくて簡単には時間が取れません。そこで、着工式は夕方にして、1時間だけ現場の仕事を早く切り上げて参加してもらうようお願いすることにしました。

さっそく職人さんたちに働きかけましたが、スタッフでも嫌がる着工式です。職人さんたちの腰は重く、はじめはなかなか来てもらえませんでした。私たちはこういう理念や思いでやっていますと説得しても、何かと理由をつけて参加してくれません。

そこで、苦肉の策として着工式のときに職人さんたちへ次の発注書を渡すことにしました。クロス屋さん、配管設備屋さん、造作大工さん、基礎屋さんなど、それぞれ何社かと取り引きしていましたが、着工式で発注書を渡すことで仕事が確定するという方式にしたのです。こうなると、職人さんとしては来ざるを得ないわけです。

着工式を夕方6時から始める場合は、それより1時間早く当社に来てもらいます。着工式を夕方7時から始めるなら6時くらいに当社に来てもらいます。職人さんとしてはいつもより1時間早く現場の仕事を切り上げることになりますが、「1時間くらいなら仕方がないかな」という感じだったと思います。

当社に集まった職人さんたちは、そこではじめてお客様と会いますし、その家をつくるチームの一員として当社のスタッフや他の職人さんたちとも顔を合わせます。これによって、みんなの間にプロとしての共通認識が生まれます。

はじめて着工式をやったときは、お互いに顔を知らない職人さんたちが多かったのに、回数を重ねていくと顔馴染みになり、職人さんたちのコミュニティーが出来上がっていきました。

着工式では、職人さんたちもお客様やそのご家族と交流します。お客様の人柄や性格、ご家族の顔や名前もわかります。それによって職人さんたちは、こんなご家族のために家をつくるんだというイメージをもつことができます。

着工式に参加してもらうことで、家の図面や家づくりのコンセプトなどさまざまな情報を職人さんたちと共有することもできます。

ちなみに、着工式に参加してくださった職人さんには「いつもありがとうございます！」と一人ひとりにお弁当とお茶を玄関で渡しています。

笑顔あふれる着工式

建築現場のスキルが大幅アップ
——職人さんの心が動き、クレーム、手直しが激減

着工式の流れはこうなっています。職人さんと当社のスタッフが揃っているところに、お客様が階段を上がって入場してきます。全員で「おめでとうございます！」と拍手喝采するなか、お客様はレッドカーペットを歩いて上座に座ります。結婚式と同じ状況で座っていただきます。

営業担当の黒澤さんが司会進行を務め、まずお客様とのはじめての出会いなどを簡潔に紹介します。その後、家のコンセプトや間取り、こだわりなど建物の概要を説明します。

その次は、大工さん、内装業者さん、設備業者さん、電気業者さん、基礎業者さんなど十数名の職人さんたちが一人ひとり起立をして自己紹介と意気込みを語ります。その後、チームリーダーの職人さんが「決意表明書」に書かれた決意文を読み上げ、続けて全員で唱和します。

最後に決意表明書を封筒に入れてお客様に手渡します。これは、お客様に対して「私たちは全身全霊を賭けて、この住宅づくりに励みます」という正真正銘の誓いです。

お客様にとっては、実際に家をつくってもらう人たちの顔が見えることで、大きな安心感につながります。

着工式を通して職人さんとお客様がつながり、職人さん同士がつながり、施工管理担当者とお客様がつながり、施工管理担当者と職人さんがつながったことで、お互いの信頼関係が向上し、現場でのトラブルも格段に少なくなりました。

何より、お客様の顔を見た職人さんたちの心に「このお客様のためにいい仕事をしよう」という意識が宿ったことが大きいと思います。

「神は細部に宿る」と言われますが、家の質を決めるのは、最後の釘1本まで気持ちを込めて家づくりに取り組むかどうかです。もし、「まあ、いいや」の連続ならば「まあ、いいや」というレベルの家しかできません。

着工式でお客様の前に立ち、「一所懸命、間違いのない、最高の品質の家をつくりあげます」とコミットメントした職人さんは、元来がこだわりの強い人たちですから、細かいところまで妥協することなく丁寧な仕事をしてくれます。

じつは、以前は施工管理担当者が付きっきりで見ていても、「ちょっと、ここの収まりが悪いんじゃない、手直ししてくれ」といちいち言わなければ、やるべきこともやってもらえませんでした。

ところが、着工式をやり、一人ひとりの職人さんの心が動いたことで「まあ、いいや」がかぎりなく減って、施工管理担当者から手直しの依頼をすることも少なくなりました。

その分、お客様からのクレームも格段に減りましたし、引き渡し前に行なう施主検査では、一つの指摘もないということが多くなりました。

着工式をやるようになって気づいたことが他にもあります。それは、職人さんは自分が手がけた現場の家の完成形を見ていないということです。ましてや、その家を引き渡されたお客様の笑顔を見る機会もありません。

正確に言うと、見ることができないのです。たとえば、基礎業者さんは自分の作業が終わると、現場には二度と来ません。次の現場が待っているからです。これでは、報酬だけでしか仕事の成果を確認することができませんし、いい仕事をしたくても「やりがい」を感じにくいだろうと思います。

まるで結婚式のような着工式

お互いの信頼関係が
向上

職人さんたちの
心を一つに

このような状況を改善する責任は、元請けの立場にある私たちのような住宅会社にあります。

そのために、職人さんたち向けの完成現場見学会を催し、自分たちが手がけた家の完成形を見てもらうことにしました。お客様に完成現場見学に来ていただくときに行なっているのとまったく同じサービス内容で、招待状を送り、ウェルカムボードなどを準備して、私たちがお客様のために行なっていることを体感してもらいました。

こうした試みを重ねることで、職人さんたちにも私たちの家づくりへの思いが伝わり、現場では自主的にトイレの清掃までしてくれるようになりました。それは、現場の安全管理にもつながっています。

感動レポート

着工式でコミュニケーションが深まる

臼井　進（臼井工業有限会社・代表取締役）

この仕事に携わって26年。屋根工事、外壁工事、雨どいを施工する板金工事など、住まいを雨風から守る仕事を担当しています。どれも住宅寿命を左右する重要な仕事なので、日々、気を引き締めながら作業に当たっています。とくに外回りは、家の第一印象を決める作業でもあるので、緻密さ、かつ、丁寧さが欠かせません。

リアンコーポレーションの独自の営業方針、そして社員の方々の丁寧かつ心がこもったおもてなしに感動しました。また、全業者が一堂に会する着工式ははじめての経験でした。それぞれの専門業者間のコミュニケーションが深まり、連携も密になり、同じ方向を向いて仕事ができます。結果としてよい仕事を生むきっかけにもなりました。お客様へのおもてなしを徹底して大切にする同社ならではのこだわりを感じます。

家は「生活のベース」であり「人生の拠点」です。物ではなく、かけがえのない人生の「財産」です。そんな家をつくるお手伝いができることをありがたく感じつつ、可能なかぎりの愛情と技術を注ぎ込みながら仕事に当たりたいと思っています。

感動レポート　みんなが同じ目線で、同じ方向を向いて家づくりができる

大豆生田　隆（大豆生田建築・代表取締役）

木造建築工事の仕事、いわゆる「大工工事」を担当しています。具体的には屋根・壁・床を施工し、内装などの仕上げ業者にバトンタッチするまでの仕事です。この仕事に就いて39年になりました。

多くのお施主様にとって、家は一生に一度きりの買い物です。そのため、お施主様のご要望に沿った家づくりを心がけ、また、完成した家に対して心の底からよろこんでいただけるような完成度の高い仕事を提供しています。

リアンコーポレーションは「お客様第一の家づくり」をモットーに、とどまることなく有言実行している住宅会社だと思います。同業者の自分が言うわけですから、間違いありません。とくに、個人的に感動したのは、同社が独自で行なう着工式です。お客様を主役に全業者、社員スタッフが一堂に会し、まるで結婚式のセレモニーのように着工をお祝いします。同時に、お客様と職人、職人同士のコミュニケーションが図れるので、みんなが同じ目線で、同じ方向で家づくりができるのがありがたいです。

いちばんやりがいを感じる瞬間
――気を引き締めて決意を新たに

当初、着工式をやることを渋っていたスタッフたちの意識は、「やるしかない↓むしろやりたい↓ぜひやりたい」と変わっていき、今は私がやるなといってもやってくれています。それにつれて、着工式の中身も充実してきています。

私たちが着工式を行なうとき、とくに気をつけているのは、だらだらと時間をかけないことです。元気よく簡潔に20～30分で締めるようにしています。6時から始めるなら6時30分ごろ、7時から始めるなら7時30分ごろには式典を終えます。

そのあとは、お客様をショールーム内の和室に案内します。そこで、お祝いの膳を振る舞い、改めて「本日は着工おめでとうございます」と全身全霊でお祝いします。1人前5000円ぐらいの予算で、お子さんの分も含めて家族水いらずで食事を楽しんでもらいます。お酒を飲まれる方がいたら、運転代行も事前に手配しておきます。

お客様の笑顔、喜んでくださる表情、感謝の言葉は、スタッフにとっては最高にうれしい贈り物です。普段は仕事で夜遅くなったり、理不尽な苦情への対応に追われたりすることも多く、ストレスが溜まりやすいスタッフにとって、いちばんやりがいを感じるのが、お客様からの「ありがとう」の言葉です。

同時に、もっといい笑顔をお客様から贈ってもらえるよう気を引き締めて、これからもがんばろうと決意を新たにします。

ここまでお話ししてきた「皆生感動システム」というビジネススタイルにたどり着くまで、私の人生は、家族との関係がうまくいかなくなったり、会社のスタッフが次から次と離職して行ったりと、まるで鬼ヶ島から引き返してきた桃太郎のようでした。しかし、人生の最大のやりがいは「感動」あってこその恩恵であると気づいた瞬間から、すべてが変わりました。その結果、本気でお客様の幸せを願い、感動と感動をつなげていくビジネススタイルとして「皆生感動システム」を構築できたのです。

お客様が感動する姿に出会うことで、スタッフも職人さんたちも、お金では買えない仕事のやりがいと誇りを与えられます。それこそが会社が発展していくいちばんの力になります。そのことを実感できる場面が私の目の前で次々とくり広げられています。

夫が、父親がきらきら輝きながら働く姿をＤＶＤで見た家族は、いちばんの応援団となってくれています。

お客様はそのＤＶＤを「すごくいいよ」と言って周囲の人たちに見せてくださり、そこから新たな受注も増えています。

私たちが実践しているこの「皆生感動システム」が、住宅業界はもちろん、広く日本の産業界に新たな可能性を示す一助になればと願っています。

コラム　仕事が増えて楽になった⁉

着工式を始めてから、お客様からのクレームはかぎりなく減っていきました。

以前は、施工管理担当者がいくら言っても、現場の状況はなかなか改善しませんでした。現場が整理されていなかったり、建物の収まりが悪かったりと、次々と問題が出てきて、その都度、施工管理担当者が現場に足を運ばなければならなかったのです。目に余るときは、担当者が現場に付ききりになることまでありました。

しかし、着工式をやるようになって職人さんたちの気持ちが変わってくると、信頼して現場を任せられるようになり、職人さんたちも「任せてくれ」と言ってくれるようになりました。営業スタッフ一人で年間60棟以上を販売しても、現場をこなせる理由はこんなところにもあります。

スタッフは、着工式をやることで仕事は増えましたが、逆に効率が上がりました。みんなが一つのチームとして仕事をやることで、仲間を信頼し、役割分担がスムーズになり、各人の仕事に専念できるようになったからです。

何よりも品質の高い家が出来上がるので、お客様に感動してもらうことができます。その感動がスタッフや職人さんたちのやりがいとなり、もっといい家をつくって喜んでもらおうと士気も上がります。そうして「皆生感動システム」が機能することで、会社も成長していくことができます。

おわりに

「リアンコーポレーションのお客様だけが幸せになればいいのか？」

ある日、社内で議論していたとき、ふと自分に問いかけてみました。私の答えは「違う」でした。住宅業界の向上に少しでも寄与したいという強い思いがあったからです。

産業界のなかでも、とくに住宅業界はサービスに対する意識が遅れていると感じてきました。それで、住宅業界で営業していても、サービス業界を超えるサービスを提供したいと考えたのです。

今、住宅業界を取り巻く環境はますます厳しさを増しています。平成26年4月の消費税増税前の駆け込み需要は住宅業界の「最後の花火」だと、仲間内で冗談交じりに話したこともあります。

本書は、そんな厳しい状況のなかで、私たちの取り組みが少しでも住宅業界の発展に寄与することを願ってまとめたものです。「皆生感動システム」を柱にした経営理念や家づくりへの思い、そして、そこから生まれたさまざまなノウハウを紹介することで、業界全体が、さらには日本の産業界全体がプラスの方向に進むためのお役に立てればと願っています。

何かをしようと「考えているだけ」「思っているだけ」で実行しなければ、何も起こりません。実際に行動することによってしか、現実は変わらないからです。

行動することを躊躇させる壁は、安定した領域から出ることに対する不安や怖れといった感情の中にあるのかもしれません。

しかし、新しいことに挑戦するには、今置かれている安定領域を出て、不安定領域に思い切って出ていくしかないのです。真の可能性は、常にそこにだけ潜んでいるからです。

ここで、私からのアドバイスです。

「世の中、やってみたら、できることがほとんどです。やらないから、できないことがほとんどです」

ご自分の中にある壁を破って、行動をしてみてください。

本書は、当社スタッフや協力会社の職人さんたちにとっても、やりがいと誇りをもって仕事に取り組んだ思い出の記録になっています。そこには、ともに応援してくれている家族の思いも映し出されていると思います。
最後に、本書の制作に関わっていただいた関係者の方々に心から感謝申し上げます。

２０１５年１月

五嶋伸一

儲けることばかり考えるな！ お客様が涙で感動する仕組み

2015年3月10日　第1刷発行
2015年5月1日　第2刷発行

著　者———五嶋伸一

発行人———杉山　隆

発行所———コスモ21
〒171-0021　東京都豊島区西池袋2-39-6-8F
☎03(3988)3911
FAX03(3988)7062
URL http://www.cos21.com/

印刷・製本——中央精版印刷株式会社

落丁本・乱丁本は本社でお取替えいたします。
本書の無断複写は著作権法上での例外を除き禁じられています。
購入者以外の第三者による本書のいかなる電子複製も一切認められておりません。

©Goshima Shinichi 2015, Printed in Japan
定価はカバーに表示してあります。

ISBN978-4-87795-308-9　C0030